講談社選書メチエ

507

どのような教育が「よい」教育か

苫野一徳

MÉTIER

目次

第一章　教育をめぐる難問　37

第二章　アポリアを解く―――67

第三章 どのような教育が「よい」教育か 103

第四章　実践理論の展開序説

序章

一　本書の問い

教育とは何か、そしてそれは、どのようにあれば「よい」といいうるか。

本書で私は、この問いにできるだけ広範かつ深い共通了解を得られるような、「答え」を提示したいと思う。

実は現代教育学の世界では、この問いに絶対的な答えを見出すことは不可能である、ということが、半ば常識となっている。学問の世界だけでなく、今日おそらく多くの人たちが、絶対に正しいことなんてあり得ない、と考えていることだろう。そしてそれは、確かにその通りだというほかない。万人にとって絶対に「よい」「正しい」教育を、私たちは完全に決定してしまうことなどできない。

しかしその一方で、教育に何らかの形で直接かかわる人たちにとって、この問いは常に切実な問いとして突きつけられているものである。多くの教師は、今ここにおける自分の教育実践が、子どもたちにどれだけ大きな影響を与えるか、強い自覚と責任感を持っている。だからこそ、その時々の教育行為がほんとうに「よい」といえるのか、常に省みたいと思うし、判断したいと思う。

あるいは、「なぜ勉強しなければならないの?」という、子どもたちがよく口にする問いに、多くの教師は、子どもたちだけでなく自身も深く納得できるような答えを返したいと思っているはずだ。

「勉強しなきゃいけないものは勉強しなきゃいけないんだ」ということも、可能ではある。叱咤激励《しったげきれい》してとにかく勉強させているうちに、学びの楽しさや、「分かる」「できる」喜びを感じられるようになる子どももいるかも知れない。しかしそれでもなお、私はこの問いに、もっと深く皆が納得できる答えを提示したい。

「学びから逃走する子どもたち」について、指摘され論じられるようになって久しい。[1] 指摘されているのは、学ぶ意味を見失った子どもたちの存在である。勉強していい大学に行っていい会社に入っていい暮らしをする、というルートの確実性が壊れてしまった現代社会において、学ぶ意味を見失った子どもたちは、それでもなお学校に通い続け、勉強することを要求される。なぜ勉強しなければならないのか。この問いは、わがままな甘ったれた問いなんかではなく、おそらく多くの場合、とても切実な問いなのだ。

「なぜ」に答えが与えられないまま生き続けなければならない生はつらい。それは子どもであっても同じことだ。一九世紀ドイツの哲学者ニーチェは、生きることの絶対的意味などは存在しないが、ああ、これが生きている意味なのだと実感できた生は生きるに値する、といっている。私は、自分たちの学びの意味を切実に求めている――あるいは、意味を求めているということさえ自覚していないがゆえに、やり場のないもどかしさや憤りを感じている――子どもたちに、そもそも教育とは何か、ということから説き起こして話したい。そうして、自分たちが勉強していることの意味を、深く納得してもらいたいと思う。

教育の本質と正当性の原理――本書では、冒頭で述べた問いをこういいたいと思う――を探究解明することは、教師だけでなく、教育行政をはじめ教育の構想にかかわるすべての人たちにとっても、きわめて重要な意味を持っている。

たとえば、日本では一九九八年、三重県紀宝町を皮切りに学校選択制が始まったが、この制度をめぐる議論は今なお非常に活発である。

何のための学校選択なのか。学校間競争によって教育の質を高めるためか。選択の自由を確保するためか。しかしその過程において、学校が序列化し格差が生まれそれが固定化したとしたらどうか。それでもなおそれは「よい」教育政策といえるのか。そもそも公教育は、私的なニーズに応じた多様な教育機会を作るべきなのか、それともすべての子どもたちにある程度一律の教育機会を作るべきなのか。学校選択制はこのように、そもそも教育とは何か、そしてそれはどうあれば「よい」といいうるのか、という問いを浮き彫りにしているのである。

(一) 答えを出せない教育学

以上のように、教育の本質や正当性は、教育にかかわるすべての人が、教育実践や教育構想のために、多かれ少なかれ常に問い続けざるを得ない問いである。しかし本論で詳論するように、今や教育学は、この問いに答えることはおろか、ほとんどこの問いを問うことすらなくなってしまった感がある。

端的にいって、それは先述したように、絶対に「よい」「正しい」教育などない、ということが、自明のこととなったからである。現代の私たちは、「これこそがよい教育だ」と、力強く主張することができなくなった。

たとえば、教育は道徳性を育成しなければならない、とどれほど訴えたところで、道徳は時代によっても国や地域によっても変わるから、確かな道徳教育など不可能である、と多くの教育（哲）学者たちは指摘する。そして確かに、現代の私たちの多くは、この感度を多かれ少なかれ共有しているといえるのではないか。かつて社会学者デュルケームは、教育の究極目的は若い世代の社会化にある、とりわけ若い世代を道徳的たらしめることにあるといったが、その際、彼は、私たちを絶対的に規定する道徳体系があり、私たちはいずれこれを発見するだろうと予言した。[2] しかし今日、この予言を信じられる人がどれだけいるだろう。

「これこそが道徳であり、教育はこれを目指さなければならない」と誰かが主張したとしたら、それは時にひどい暴力になる。教育（哲）学者の多くは、この数十年そのように指摘し続けてきた。それはたとえどれほど善意から出た道徳論であったとしても、そうである。困っている人には手を差し伸べなければならない、目上の者に対しては敬意を払わなければならない、友人を大切にしなければならない、愛国心を持たなければならない……。どのような徳目を並べたところで、必ず例外は存在する。にもかかわらず、こうした徳目を必ず守るべきものと教育することは、時に危険な教条主義になりかねない。それは、いついかなる時も困っている人には手を差し伸べなければならない、いついかなる時も愛国心を持たなければならない、と、例外を認めることなく強く要請する教育であるからだ。

そこで教育（哲）学は、とりわけ二〇世紀の後半以来、こうしたあらゆる教育理念や教育理想を、ドグマであるとか暴力的であるとかいって、相対化し続けてきた。それはそれで、何らかの教育理念が絶対化される危険性を警告し批判したという意味で、大きな意義を持ったといってよいだろう。しかしそれは他方で、教育学を、どのような教育を論じたところでそれは否応なしに相対化されてしまうことになる、という、一種のニヒリズムに陥らせることにもなったのである。

もちろん、「よい」教育を目指す多くの教師や教育学者たちは、「これこそがよい教育に違いない」ということを声高に主張し続けてきた。個性を尊重する教育は「よい」教育である、経験を活かした教育は「よい」教育である、平等な教育は「よい」教育である……。「よい」教育をめぐる言論は、今もなお活発に繰り広げられている。

しかし、こうした多様な「よい」教育の理念やアイデアは、多くの場合、発想や立場を異にする教育理念やアイデアと、激しく対立することになってしまう。個性尊重などわがままを認める教育であって、むしろ公の価値を教えることこそが教育である、とか、経験を通しては学べないことを教えるのが教育である、とか、過度な平等主義に陥らずエリート教育をするべきである、とかいった具合である。

こうして教育学は、どのような教育論を唱えようと、それは結局、絶対的な教育論ではあり得ない、という、一種のニヒリズムに陥ることになってしまった。どのような教育が「よい」といえるのか、どのような指針のもとに教育を構想していけばよいのか、という問いに教育学が力強く答えることができなくなってしまった最大の理由は、ここにある。

（二）初めの一歩から考え直す

しかし先述したように、子どもたちの教育にかかわるすべての人たちにとって、そして教育を考え構想するすべての人たちにとって、そもそも教育とは何か、そしてそれはどうあれば「よい」といいうるか、という問いは、常に切実な問いとして突きつけられているものである。そうである以上、私たちは何らかの方法でこの問いを考え、そして何らかの形でこれに「答え」を出す必要がある。

本書の目的は、この「答え」を明示することである。それは現代教育学の「常識」からすれば、無謀な、そして多くの激しい疑義と批判を避け得ない試みであるかも知れない。しかし私はこの問いに答えうると信じているし、そしてそれを、相互に確かめ合うことが可能な形で論じることができると考えている。

もちろん繰り返し述べてきたように、絶対に「よい」「正しい」教育などはない。しかしかといって、教育学はこれまでのように、絶対に「よい」「正しい」教育など決してないのだ、ということを、ただ主張し続けるに止まっていてよいのだろうか。私たちはそれでもなお、「なるほど、確かに教育とはこのような営みだし、またこうした教育であれば〈よい〉といえるのではないか」と、できるだけ広く深い共通了解を得られるような教育の考え方（原理）を、提示することができるのではないか。

このような問題関心を持って、私は本書を、教育をもう一度初めの一歩から考え直したいと思う、すべての人に向けて書きたいと思う。そして、具体的教育実践の現場においても、また学問の領域においても、教育実践の指針として役に立ちうるかどうか、あるいは学理として十分説得的かどうか、批判的に吟味していただければと思う。

教育をもう一度根本から考え直し、また立て直す原理を解明しようとする本書の試みは、哲学的な探究である。しかし本書は教育学や哲学の専門家にのみ向けられたものではなく、繰り返すが教育を最初の一歩から深く考えたいと思う、すべての人に向けて書かれたものである。それゆえ専門的に過ぎる細かな論点にはあまり立ち入らず[3]、本書の問いに対する答えに向かって、できるだけ一直線に、しかし読者に十分その理路の妥当性が確かめられるような仕方で、論を展開していきたいと思う。

二　探究の方法

以下、本書の展望をあらかじめ素描しておきたい。

何らかの教育理念を絶対化する危険性にも、しかしかといって相対主義のニヒリズムにも陥ることなく、私たちは教育をどう論じ合うことができるのか。そしてその上で、教育の本質および「正当性」の原理を、どのようなものとして解明することができるだろうか。これが本書の問いである。

私はまず、次のようにいうことから始めたい。前者の問いは、二〇世紀にドイツの哲学者フッサール（Edmund Husserl　一八五九～一九三八）によって創始された現象学によって、後者の問いは、一九世紀哲学界に絶大な影響を及ぼし、近代哲学の完成者などとも呼ばれているヘーゲル（G.W.F. Hegel　一七七〇～一八三一）の哲学によって、最も根本的に解き明かすことができるはずである、と。

もっとも、フッサールもヘーゲルも教育を主題的に論じた哲学者ではないから、彼らを教育（学）に援用するという私の試みは、一見奇異に感じられるかも知れない。実際教育学の世界で、彼らの哲学が参照されることは一部の専門家を除いてほとんどない。しかし私は、教育をいわば初めの第一歩から考え直すという本書の試みのためには、またすぐ後に論じるように、まさに人間と社会、そしてこれらをどう考えればよいかというその初めの第一歩から考え立て直した、二人の哲学が極めて有効であるといいたいと思う。

もちろん、教育を深くまた広範に論じた哲学者としては、二〇世紀アメリカを代表する哲学者、ジョン・デューイ（John Dewey　一八五九～一九五二）を無視することはできない。その教育思想の先駆性、原理性、そして射程の広さ、どれをとっても、デューイは今なお教育学最大のビッグネームと呼ばれるにふさわしい。しかし私は、デューイの思想は今も教育実践における有効な洞察に満ちているが、そのほんとうの意義は、フッサールとヘーゲルの洞察に支えられてこそ十全に発揮されるものであると考えている。この点については本論で随時論じていくことにしたい。

さて、しかし現代において、ヘーゲルとフッサールという二人の哲学者を参照することには、実はかなりの困難がある。両者共に、今なお、悪しき真理主義や形而上学（絶対を問う学）の代表的哲学者と見なされている面があるからだ。それゆえに、相対化のニヒリズムからの脱却を謳《うた》う本書が彼らの哲学を援用すると宣言することは、即座に、絶対主義を目指す反動との批判を受けかねない。

しかし、ヘーゲルはともかく、フッサールの哲学が絶対的真理を求める形而上学であるという批判は全くの誤解であって、むしろ私の考えでは、現代哲学においてはフッサール現象学のみが、絶対（真理）主義と相対主義の対立を最も根本的に克服し得たものである。またヘーゲル哲学についても、確かに時代的制約上真理主義の誹《そし》りは免れないとしても、これまでそうした批判ばかりが先行していたために、彼の最も重要な洞察は今日かなりの部分見落とされてしまっているのが現状である。

このようなヘーゲルおよびフッサール解釈の妥当性については、やや専門的になりすぎる上に本書の目的から逸れてしまうため、本書ではそのエッセンスに触れる程度の記述に止めざるを得ない。そのためこの点についてはまた稿を改めて論証する必要があるが[4]、しかし幸いなことに、ヘーゲルおよびフッサール批判に対する反批判や、彼らの哲学の原理性、現代的有効性などについては、哲学者の竹田青嗣や西研などがすでに丹念に明らかにしており、そしてまたその水準も極めて高いと私は考えている[5]。

もちろん、竹田や西の研究それ自体も、今後十分に検証される必要があるし、私自身そのつもりでいる。ヘーゲル研究もフッサール研究も今日ではおびただしい量の蓄積があり、竹田や西の解釈が絶対に正しいというわけでもない[6]。しかし私としては、何よりも本書の目的を達成するために、フッサールとヘーゲル哲学の原理性の論証についてはさしあたり竹田や西の研究に委ねることにして――したがって本書ではその論証過程に紙数を割くことは避け――私が焦点化すべきは、フッサールとヘーゲルの洞察を本書で試みるような形で教育（学）に援用すれば、先述した現代教育学のアポリア（難問）は解けるのではないか、という、そのようなアイデアを提示することにあるといいたいと思う。

教育の本質および正当性の原理の解明が、現代教育（哲）学焦眉《しょうび》の課題であるにもかかわらず、いまだこれに答えが与えられていない以上、私としてはまずその「原理」を、議論の俎上《そじょう》に載せたいと思う。そして現実の教育に資する教育学の構想力を、再び原理的な次元から取り戻す嚆矢《こうし》としたい。その上で、その試みの成否について、読者からの厳しい検証と批判を仰ぎたい。

三　教育の考え方——展望

以下、絶対主義にも相対主義にも陥ることのない考え方を提示した哲学理論であると先に述べた現象学について、あらかじめ素描しておくことにしよう。

現象学は、フッサールの難解な叙述や、その後の多岐にわたる、またきわめて細部にわたるおびただしい研究蓄積のために、専門家以外にはなかなか近づき難いところがある。しかしその思考はシンプルであって、いったん身につけることができれば、教育に限らずあらゆる問題を考える際の最も根本的な考え方になるはずのものである。詳細は本論に譲ることにして、以下では、この考え方を教育に応用すればいったいどのような展望が開けるのか、少し論じておくことにしたい。

（一）相対化の論理をせき止める

先述したように、現代教育学最大のアポリアは、どのような教育論を唱えようとも、今日それはことごとく相対化の論理によって相対化されてしまうという点にある。しかしフッサール現象学は、この相対化の論理をより深いところでいわばせき止め、私たちに「よい」教育を論じ合う方法を示してくれるのだ。

確かに私たちは、これこそが絶対に正しい教育であるなどということはできないだろう。絶対的真理を認識することは不可能である、ということは、現代ではほとんど常識であろうし、現象学にとってもいわば前提である。[7] しかし現象学の考えからすれば、だからといって、「よい」「正しい」教育など一切ない、と、完全に相対化してしまうにもおよばない。

というのも、私たちはそれぞれ、「よい」あるいは「よくない」教育に関する何らかの「信憑《しんぴょう》」や「確信」を、多かれ少なかれ抱いている、あるいは少なくとも抱きうるはずであるからだ。

たとえば、「この先生はいい先生だな」とか、「この授業は嫌いだ」とか、私たちは何となくであったとしても思うことがあるだろう。そうした信憑や確信が、絶対に正しいなどということは確かにできない。別の人が見ればむしろ嫌な先生であったり、あるいは質の高い授業であったりするかも知れない。それゆえに現代の教育（哲）学は多くの場合、絶対に「よい」先生や「よい」授業などない、と主張し続ける。つまり、教育に関する一切は相対化可能なのだと主張する。

しかしそれでもなお、私が、「この先生はいい先生だな」とか「この授業は嫌いだ」と思ったとするなら、そのように思ってしまったことそれ自体を相対化することはできないだろう。私たちが抱く教育に関する何らかの信憑や確信は、それが絶対に正しいことであるなどとはいい得ないが、それでもなお、私たちは、そのような信憑や確信が訪れたということそれ自体を、疑うことはできないのである。

哲学に馴染みのある相対主義者や懐疑主義者であれば、いや、そうした信憑や確信が訪れたことさえ疑える、と主張するかも知れない。しかしそれは果たしてほんとうだろうか。

ある時に抱いた信憑や確信を、後から、「いや自分はそんな風に感じていたわけではない」と意識的に打ち消すことはできるかも知れない。あるいはかつての信憑や確信が勘違いであったということもあるだろう。一時は「いい先生だ」と思っていたがどうやら勘違いであったとか、「この授業は嫌いだ」と思っていたものが後になって考えてみると役に立つ授業であったとか、私たちの信憑や確信は、常に修正・変更に開かれている。

しかしそれでもなお、私たちが初めに「いい先生だな」と思ってしまったことや、「嫌いな授業だ」と思ってしまったことそれ自体を、私たちにはほんとうに疑うことができるだろうか。あるいはまた、後になってそうした信憑・確信が修正・変更されたとしても、その修正・変更された新たな信憑・確信――「いい先生だと思っていたけど勘違いだったようだ」「実はいい授業だったんだ」等――が私に訪れたことそれ自体を、疑うことなどできるだろうか。

要するに私たちは、自らに何らかの信憑や確信が常に動かし難く到来しているというそのこと自体を、疑うことも相対化することもできないはずなのである。

それゆえ現象学の考えからしてみれば、一切(の教育論)は相対化可能であるという主張は、詰めが甘い考えだといわざるを得ない。それが知覚物であれ意味や価値についてであれ、私たちに何らかの信憑や確信が動かしがたく訪れているとするなら、その訪れそれ自体は、疑うことも相対化することもできないはずであるからだ。フッサールはこのことを明らかにすることで、相対主義の論理をいわばより深いところでせき止めた。

現象学的にいえば、あらゆる教育論は相対化可能だと主張し続けるだけではまだ不十分である。教育に関する何らかの疑い得ない信憑・確信が私たちに訪れているとするならば、私たちはここを始発点にして、教育を一から考えていくことができるはずであるからだ。

（二）共通了解の探究へ

ではそれは、どのような思考だろうか。フッサールはいう。私たちが問うべき最も原理的な問いの立て方、それは、この信憑や確信は、なぜ、そしてどのように私に訪れているのか、という問いをおいてほかにない。

これをフッサールは、私たちに与えられている明証（つまり確信）の「本質的構造を、あらゆる内的な構造に即して解明すること」[8]といい、現象学の最も根本的な方法として提示した。竹田の言葉でいえば、「確信成立の条件と構造の解明」[9]である。

教育論に応用していえば、次のようになる。すなわち、絶対に「よい」教育などはない。しかしかといって、現代教育（哲）学の多くの言説にみられるように、「よい」教育など決してあり得ない、といい続けるに止まる必要もない。もし私たちが、「ああ確かにこれはいい教育だ」と思わず感じてしまうことがあったとすれば、その時、私はなぜ、そしてどのようにこれを「よい」教育と感じてしまったのか、その「確信」成立の条件と構造を問うことはできるはずであり、そしてそのような問いの立て方こそが、教育を問うための最も根本的な思考の始発点なのである。

このことが理解されれば、さらにここから、私たちは次のようにいうことができるようになる。すなわち、「よい」教育についての私の確信は、その成立条件を他者と問い合った時、共通了解を十分得られるものとなっているだろうか、と。

つまり私たちは、教育の本質や正当性を問うに当たって、これこそが絶対に正しい教育である、というのでも、あるいは逆に、そんなものは一切ない、というのでもなく、自らが抱く確信の成立条件と構造――なぜ、そしてどのように私は教育についてのある信憑・確信を抱いているか――を、他者へと投げかけ共に問い合っていくことができるし、またそうする必要があるのである。そのプロセスにおいて、私たちは、「よい」教育をめぐるある一定の共通了解を見出すことができるかも知れない。いや、むしろ現象学の方法は、この共通了解を見出そうとする点にこそ最大の特徴がある。

これはある意味では当たり前の考え方である。しかしこれまで多くの教育論は、相対主義的でなかったとすれば、逆に、「これこそがよい教育だ」と、素朴に、いわば他者にとって確かめ不可能な仕方で提示されることがほとんどだった。先述したように、そして本論でまた詳論するように、教育は今もなお、「国家を繁栄させるためにある」とか、「いや個性を伸ばすためにこそある」とかいった具合に、いわば互いに信念を押しつけ合うような仕方で論じられることが極めて多いのである。

しかし重要なことは、これこそが「よい」「正しい」教育であると断ずるのでも、あるいはこれをすべて相対化するのでもなく、各人が教育に対して抱くそれぞれの信憑や確信の成立条件を、相互に確かめ合うことが可能な形で問い合いながら、共通了解を見出そうとする方向へと探究を深めることなのである。そして本書で私が試みることも、まさにそのような論じ方をもって、できるだけ多くの人が深く「確信」を共有できる、そのような「よい」教育の共通了解を見出すことにある。

四　教育の「本質」素描

以上のような問い方を基軸に、本書がどのように教育の本質と正当性の原理を解明するか、この点についても以下で素描しておくことにしよう。

先述の通り、現象学的な教育の論じ方は次のようである。すなわち、「私は教育とはこのような営みであり、そしてそれはこのようにあれば〈よい〉といいうるはずである、と確信しているが、この確信およびその成立条件は、果たして他者にとっても納得しうる、すなわち共通了解可能なものといえるだろうか」。

（一）ヘーゲルの〈自由〉論と〈相互承認〉論

先にいったように、その際、本書で共通了解へと投げかけたい私の「確信」を、私はヘーゲルの哲学から受け取っている。

ヘーゲルはその卓越した人間洞察を基軸に、「よい」社会とは何か、すなわち、私たちができるだけみな納得し、さらには満足して生きていくことができる社会とはどのような社会であるか、徹底的に考え抜いた哲学者である。そしてあえていうなら、彼以降誰一人、その洞察水準を超えた原理を提示した哲学者はいない。このことについては本論で論証的に論じるが、まずはそのヘーゲルの洞察を、本論に先立って示しておくことにしよう。ヘーゲル自身は教育を主題とした著作を残していないが、私は彼の提示した社会原理論を基軸に、今日なお最も原理的たりうるような教育原理論を展開することができるはずだと確信している。

さて、ヘーゲルはまず次のようにいう。私たちはどうしても、できるだけ納得して、さらにできるなら満足して、「生きたいように生きたい」、すなわちできるだけ〈自由〉に生きたいと思ってしまう存在である、と。そしてそれゆえにこそ、私たちは互いに互いの自由を主張して、激しく争い合うことになってしまうのである、と。

ヘーゲルのいう〈自由〉とは何か、そして私たちはほんとうに、彼がいうように〈自由〉を求める存在であるといえるのか。この点はヘーゲル哲学の肝であり、また教育原理論の肝にもなるはずの洞察である。したがってこの点については第三章で丹念に論じることにしたいが、さしあたりここでは、このヘーゲルの洞察が認められたとして、以下ヘーゲルの論を追っておくことにしたい。

ヘーゲルは続ける。各人はどうしても「生きたいように生きたい」という〈自由〉を求めてしまうが、この自由は、ただ独りよがりに「自分は自由だ」と主張しているだけでは決して獲得できないものである。自らの〈自由〉を十全に獲得しうるためには、私たちは他者からの承認をどうしても必要とするからである。

ここでいう承認とは、私に関係するすべての他者から私の〈自由〉が具体的に承認されるということに加えて、私が自由な存在として、他者に隷属することなく生きていけるというそのこと自体が、普遍的に——社会的・制度的といった意味も含めて——承認されるという意味である。

しかし歴史的にいって、これは決して簡単なことではなかった。人類は自らの〈自由〉を他者に認めさせるために、一七世紀イギリスの哲学者ホッブズいうところの、「万人の万人に対する闘争」を繰り広げてきたのである。ヘーゲルは『精神現象学』においてこれを承認のための「生死を賭する戦い」と呼び[11]、人類の歴史を自らの自由を他者に承認させるための互いに争い合う歴史として描き出している。

しかしこの戦いは、かえって自らの自由を妨げることになる。承認をめぐる命の奪い合いは、結局のところ、〈自由〉の根本条件である生それ自体を脅かすことになるからだ。

そこで近代に至ってようやく、人類は次のことに気がつくようになった。そうヘーゲルはいう。自らが十全に自由になる（＝生きたいように生きたいという欲望ができるだけ叶う）ためにはどうすればよいか。それは、私の自由が他者から認められると同時に、私自身もまた他者の自由を認めるということ、つまり〈自由の相互承認〉の理念を共有するほかにない。[12]そしてこの理念のもとに、社会を作り上げていくほかにない。ヘーゲルによれば、これこそが近代社会の「原理」にほかならない。

したがって私たちは、互いが互いの〈自由〉を主張し合って争い合うのではなく、互いが互いに〈自由〉な存在であることをルール（法）としてまず認め合い、その上で互いの〈自由〉のあり方を調整し合っていくような社会を構想する必要がある。

今となっては「当たり前」の考え方かも知れないが、このことが自覚的に提示されたのは、一万年以上におよぶ人類の歴史において、わずか二〇〇年少し前のことに過ぎない。そしてそのことの意義を、私はどれだけ強調してもし過ぎることはないと思う。というのも、この原理が持っている重要な意味と射程は、本論で論じるように、残念ながらこれまで十全には理解されてこなかったからである。

（二）教育とは何か

以上述べたヘーゲルの社会原理論について、今の時点でストンと腹の底に落ちるように理解することは、容易なことではないかも知れない。そこでこの点については本論で十分に論じることにしたいと思うが、以下ではひとまず先に進んで、右に述べたヘーゲルの社会原理論から導出される、教育の本質についてもあらかじめ述べておくことにしたい。

結論からいっておこう。教育の「本質」とは何か。それは、「各人の〈自由〉および社会における〈自由の相互承認〉の〈教養＝力能《りきのう》〉を通した実質化」である。

このことの意味についても、今はまだ容易には腑《ふ》に落ちないかも知れないが、ここではさしあたり次のようにいっておくことにしたい。

私たちは皆どうしても、「生きたいように生きたい」、すなわち〈自由〉を欲してしまうのだ、というヘーゲルの主張を、ひとまず認めたとしよう。とすれば、先に述べたように、この欲望を最も十全に達成するためには、私たちはただ「自分は自由だ」と素朴に主張するのではなく、他者の自由もまた承認することができなければならないのだった。したがって私たちは、社会を〈自由の相互承認〉の原理に基づいて構想していく必要がある。

しかしそれだけではまだ十分ではない。各人が〈自由〉になるためには、社会が〈自由の相互承認〉の原理に基づいていることに加えて、私たち自らが〈自由〉たりうるだけの、〈教養＝力能〉を必要とするからだ。つまり私たちは、できるだけ生きたいように生きたいと欲するのなら、自らを自らとして立てていけるよう、読書算《よみかきさん》といった基礎知識からより高度な知識技能に至るまで、そして何よりも、〈自由の相互承認〉の感度をしっかりと身につける必要があるわけだ。

公教育は、まさにそのために存在するのである。つまりまず諸個人にとって、教育は、自らの自由（＝できるだけ生きたいように生きたいという欲望）を実質化するために必要な、〈教養＝力能〉の獲得を保障してくれるものという意味本質を持っている。しかし他方、社会の側からみれば、法に次いで教育によって初めて、社会の根本理念である〈自由の相互承認〉の原理（＝各人が互いのできるだけ生きたいように生きたいという意志を承認し合うこと）は、実質化されうることになる。〈自由の相互承認〉の理解は、各人の〈自由〉を実質化するものとしての〈教養＝力能〉のいわば最も基本的な土台であり、これを育むことは、諸個人にとっても社会にとっても、根本的に重要なことであるからだ。

要するに教育は、「個」のためであると同時に、「社会」のためのものなのである。私たちは教育の本質を考える時、それが個人にとって持つ本質的意味と、社会にとって持つ本質的意味を、同時に洞察する必要がある。つまり、私たちが〈自由〉になりたいのであれば、私たちは〈自由の相互承認〉を原理とする「社会」を必要とするのであり、そしてそのような社会をより充実したものとするために、各人の〈自由〉と社会における〈自由の相互承認〉の、双方を実質化するための教育を必要とするのである。従来、教育は「個」のためのものか「社会」のためのものかという論争が続けられてきたが、私たちはこのように、私たち自らの〈自由〉の実質化のためにこそ、「個」と「社会」を互いに支え合う形で考えていかなければならないというべきなのである。

その意味で、なぜ社会が公教育として個々人の〈教養＝力能〉を育成する必要があるのかといえば、もし私たちの教育の一切が私教育に委ねられてしまったとしたら、社会の原理である〈自由の相互承認〉が損なわれてしまうからである。私教育の質や機会は、生まれや環境の差によって大きく異なる。もし一切を私教育に委ねてしまったとしたら、たとえば富裕な家庭に生まれた子どもと貧しい家庭に生まれた子どもとでは、多くの場合、教育の機会や質にも著しい差が生まれ、したがってそれそれが獲得する〈自由〉の度合いにも、著しい差が生じてしまうだろう。それは〈自由の相互承認〉の著しい侵害になりかねない。したがって社会は、教育の一切を私教育だけに委ねるのではなく、すべての子どもの〈自由〉を実質化するという指針のもと、そのために必要な〈教養＝力能〉育成を保障する必要があるのである。そしてそれが同時に、社会における〈自由の相互承認〉の実質化に結びつく。

このことが、私が第三章においてヘーゲルから導出する教育の「本質」である。もっとも先述したように、このことの意味についてはまだ十分理解するのが難しいかも知れない。今ざっと述べただけでも、〈自由〉とはそもそも何か、その〈相互承認〉とはいったい何を意味しているのか、なぜ〈相互承認〉をする必要があるのか、そして〈教養＝力能〉とは具体的に何を意味しているのか、といった疑問が浮かぶことと思う。そこでこれら諸概念についても含めて、本論ではできるだけ十全な理解が得られるよう詳述することにしたい。

ともあれ私は、右に述べたヘーゲルの洞察を、本書では現象学的な問い方によって論じ直すことで、教育の本質と正当性の原理を読者に問うことにしたい。すなわち、私は教育の本質を「各人の〈自由〉および社会における〈自由の相互承認〉の〈教養＝力能〉を通した実質化」と考えることが最も原理的であると「確信」しているが、この確信が成立した最も根本的な条件は、人間は〈自由〉を欲する存在である、という人間的欲望の本質論にある。このヘーゲルの洞察を、私は各人が自らに問うという仕方で確かめることができると考えているが、先述したようにこの点については本論で論じることにして、ともかくもし人間的欲望の本質がこのように〈自由〉であることが認められたなら、各人が十全に〈自由〉を獲得できるためには社会を〈自由の相互承認〉の理念によって構想するほかないという社会原理もまた、本質的な考え方であるように思われる。そして続けて私たちは、したがって教育もまた、各人の〈自由〉と社会における〈自由の相互承認〉を実質化するための、〈教養＝力能〉育成をその本質としているということができるはずである。

このことを踏まえて、本書では、では教育はどのようにあれば「正当」といいうるか、という問いについても解明するが、このテーマについては第三章に委ねることにしよう。ともかくここでは、右に述べたような教育の本質論を、私は自らの「確信」として提起し、そしてその確信成立の条件を、誰もがたどりうる理路として、すなわち確かめ可能な理路として提示するということを改めて明記しておきたい。その全過程が共通了解可能なものとして編まれているかどうか、読者の判断を仰ぎたい。

（三）近代教育（学）批判への応答

ところで、今右に述べたようなヘーゲルの社会原理論、およびこれを援用した教育原理論について、近代教育（学）批判を盛んに行っている現代の教育学研究者たちからは、即座に激しい批判が向けられることになるだろうと思う。〈自由の相互承認〉などという理念は欺瞞であって、歴史的にいって公教育は近代化と富国強兵政策を旨とする国家のための事業であったとか、公教育（国家）が子どもたちに〈教養＝力能〉を育成しようとすることは、〈自由の相互承認〉を実質化するどころか暴力であり悪しき権力であるとかいった批判である。

しかし私たちは、右のような形で教育を批判する際、その批判の根拠をいったいどこに見出すことができるのか、明らかにしておく必要がある。これは暴力的だ、これは権力的だ、といった批判が、正当な教育批判として成り立ちうる根拠は何か。私たちはまずそのように問うべきなのである。

本論で詳論するが、私の考えでは、それはまさに〈自由の相互承認〉の理念に反している、という理由によるほかはないはずである。

たとえば、公教育（国家）が子どもたちに〈教養＝力能〉を育成しようとすることは暴力であり悪しき権力である、という批判が正当でありうるのは、単に権力的なものが気に食わないから、などという理由によるのではなく、そうした教育のあり方によって、まさに各人の〈自由〉が著しく侵害されている時においてであるはずだ。ある一部の人たち、あるいは大多数の人たちの〈自由〉が権力によって著しく侵害されているのではないかという疑義、すなわち、〈自由の相互承認〉の理念が侵害されているのではないかという疑義、これのみが、教育における「権力」の正当な批判であるはずなのだ。

したがって、本論でも紹介するような、この数十年続けられてきた教育におけるあらゆる「権力」、あるいは一切の「権力関係」に対する批判は、ナイーヴで非建設的な批判であるといわねばならない。むしろ私たちが問うべきは、どのような教育であれば〈自由〉と〈自由の相互承認〉に適うのか、あるいはこれを促進しうるのか、という問いであるはずなのである。

それは望むなら、教育を構想する、あるいは教育関係に浸透する「権力」が、どのようなものであれば〈自由の相互承認〉に適い、また各人の〈自由〉を実質化しうるだろうか、という問いであるといってもいい。一切の権力は悪である、と主張するのではなく、私たちは、〈自由の相互承認〉を実質化しうる権力のあり方はどのようなものか、と問う必要があるのである。

公教育は歴史的にいってそもそも国家のための事業であった、という批判も同様である。

確かに、特に日本の公教育は、欧米諸国に追いつくことを課題とし、近代化と富国強兵に力を入れた明治政府によって実現されたという経緯がある。それはまさに、国家のための教育であったといってよい。

しかし私たちは、歴史的にそうであったから、それこそが教育の本質であると考えなければならないわけではないだろう。[13] ましてや、教育の本質はこれからもそうであり続けるはず（べき）である、などと考える必要もない。むしろ私たちは、そのことに問題があった、あるいは今なおあるとするなら、どのように教育の本質を考え直し立て直していくことができるだろうか、と問うべきなのである。そしてその際、「国家のための教育」という理念を批判するのであれば、その根拠もまた、私たちは、〈自由の相互承認〉の理念のほかに見出し得ないはずである。

要するに、近代教育（学）批判の言説もまた、よく吟味してみるならば、その批判の根拠を各人の〈自由〉と社会における〈自由の相互承認〉が侵害されているという点にこそ見出しうるのであって、それは言葉を換えれば、批判者たち自身もまた（無意識のうちに）、教育の本質を各人の〈自由〉および社会における〈自由の相互承認〉の実質化にある（べきだ）と考えているはずだということなのである。

現代の教育や過去の教育を、評価するにせよ批判するにせよ、私たちは、教育の「よさ」の基準を、右に述べてきたように、各人の〈自由〉および社会における〈自由の相互承認〉が現実のものとなっているか否かという、この理念のほかに見出すことはできないのではないか。私は本論で改めて、このように問いつつ教育の本質を明らかにしたいと思う。そしてその上で、ではこの〈自由〉の実質化とは具体的に何を意味しているのか、また、〈自由の相互承認〉の実質化を、私たちはどのように実現していくことができるのか、という、その具体的なアイデアについても明らかにしていきたいと思う。

以上、本論に先立って、本書のテーマ、その探究の方法、そしてその答えの展望について論じておいた。以下の諸章で、それぞれより詳細に論じていくことにしよう。

五　本書の構成

序章の最後に、本書の構成について述べておこう。

まず第一章においては、なぜ教育の本質および「正当性」の原理を改めて解明する必要があるのか、特に現代日本の教育の現状を踏まえて論じたい。

日本だけでなく、この数十年、世界各国において急速に「教育改革」が推進されてきた。しかしどのような根拠で改革が必要であり、そしてどのような改革であれば「よい」といいうるか、という点については、合意可能な指針原理が出されることはこれまでなかった。日本では特に八〇年代以降、いわゆる新自由主義教育改革と呼ばれる改革の嵐が吹き荒れたが、いつの時代もそうであるように、この数十年の改革もまた、そもそも教育とは何か、そしてどのような教育を「よい」といいうるか、という問いをなおざりにしたまま、結局は政治的・経済的力学のもとに進められてきたのが現状である。

もっともこの新自由主義は、とりわけ二〇〇七年の世界金融危機を皮切りに、今や少しずつ衰退しつつあるように見える。そこで私たちは、ある意味ではこれまでよりもなおいっそう、いったいどのような方向に向けて教育を構想していけばよいのか、その指針を改めて問い直す必要に迫られている。

しかし先述したように、教育学は今、教育の構想原理を力強く打ち出す方途を見失ってしまっている。そこで第一章では、なぜ教育学が教育構想力を失ってしまったのかについても述べることにしたい。いわゆる相対主義的教育（哲）学がどれほどの影響力をふるったかについても、ここで少し紹介することにしよう。

上記の問題を解消し、教育を構想するための根本的な考え方を提示するのが、第二章である。先述したようにその際、現象学の方法を援用するが、第二章では、先に述べた見通しをより精緻化して論じることにしたい。

私の考えでは、この現象学的な考え方は、現代教育哲学において、また教育構想の際近年の教育哲学が依拠している現代政治哲学と呼ばれる領域の理論においても、これまでほとんど自覚的には理解されてこなかった。そこで第二章では、どのような社会が「よい」「正義に適っている」かを探究している現代政治哲学の諸理論についても批判的に考察し、これら諸理論が、その根本的な方法（考え方）において原理的な問題を抱えていること、そしてこの問題は、現象学の考え方によって解消可能であることについても論証したい。

第三章では、この現象学的方法を基軸に、先に述べたヘーゲル社会原理論を教育原理論へと援用することを試みる。そして、教育とは何か、どのような教育であれば「よい」といいうるか、という、本書の課題に答えることにしよう。

最後に第四章では、ここで明らかにされた教育の本質および正当性の原理に基づいて、具体的な教育のあり方についても探究したい。教育方法の原理は何か、子どもたちにとっての「よい」成長とは何か、その成長にかかわる教師の資質とは何か、そしてまた、「よい」教育行政をどのように構想することができるか、等、教育原理論を基軸により実践的なテーマを展開することにしたい。

第一章　教育をめぐる難問

1　教育の論じられ方

一　床屋政談

教育は、ほとんど誰もが一家言もつテーマである。多くの人が、自分の経験から教育を考える。そのこと自体は悪いことではないし、むしろ誰もが論じ合える教育というテーマは、その意味では多くの人に開かれた魅力的なテーマといえるかも知れない。しかしそれはしばしば、自分の経験の過度の一般化や、根拠のない印象論に終わってしまうことがある。

そこには、「規範」（あるべき教育の判断基準）の次元と、「事実認識」の次元の、二つの次元における問題がある。

規範の問題から述べることにしよう。

たとえば、教育熱心な親に育てられ、自身も一定の社会的成功を収めた人が、「子どもの教育は結局すべて親の責任だ」という「規範」を論じる。生徒思いの熱心な教師に恵まれ成長した人が、「教師は自分を犠牲にしてでも生徒のために尽すべきだ」という「規範」を論じる。あるいは、子どもの頃いじめに遭った人が、「いじめた子は即刻退学処分にすべきだ」という「規範」を論じる。「教育はこうあるべきだ」という規範を、多くの人は自分の経験から一般化する傾向がある。

しかしこれらの規範は、そう簡単に一般化できるものだろうか。

何らかの事情で親との時間を過ごせない子どもにとって、「子どもの教育は親の責任だ」という言葉は、自分の力ではどうしようもない理不尽な言葉として響くかも知れない。社会には親がいない子もいれば、経済的余裕がないために、子どもの教育に時間やお金をかけられない親もいる。子どもの教育のすべてを親の責任に帰するのは、現実的にいってかなり酷な側面をもっている。

「教師は自分を犠牲にしてでも生徒のために尽くすべきだ」というのも、教師にも家族があり余暇の時間も必要なのだから、そう一般化してしまうわけにはいかないだろう。「いじめた子は即刻退学処分にすべきだ」というのも、そのことで、いじめた子の反省と成長の機会や、いじめられた子との和解の機会が奪われるということもあるかも知れない。

要するに、私たちは教育を論じる時、しばしば無意識に自分の経験から得られた規範を一般化してしまうのだが、実際にはそう単純にはいかないことの方が多いのだ。私たちは教育を論じる際、自分の経験を過度に一般化してしまっていないか、常に省みる必要がある。

以上のことは、教育学の世界では繰り返しいわれてきたことである。しかしそれにもかかわらず、私たちは、教育に関する公的な会議の議事録などを読んだ時でさえ、上述したような個人的経験の過度な一般化にしばしば遭遇することになる。居酒屋教育談義ならまだしも、何百万人もの子どもたちに直接的な影響を与える会議においてさえ、そうしたナイーヴな議論が繰り広げられていることに、これまで多くの教育学者が危機感を表明してきた。しかしその影響は、いまだ限定的であるのが実情だ。

次に、教育の床屋政談的議論におけるもう一つの問題——事実認識の次元の問題——について述べよう。

これは、自分の経験や報道から得た情報を、無批判に鵜呑みにしてしまうという問題である。広田照幸・伊藤茂樹著『教育問題はなぜまちがって語られるのか?』(日本図書センター、二〇一〇年)には、この問題についての知見が豊富に描かれている。

たとえば近年、「少年非行の凶悪化が進んでいる」というイメージが一般に広がっているが、統計的調査によれば、むしろ一九五〇~六〇年代に比べて減少していることが実証されている。増えたのはマス・メディアによる報道量なのである。にもかかわらず、この「イメージ」を「事実」と捉え、のみならず子どもたちの凶悪化を一般傾向と捉え、心の教育を強化せよとか、学校における厳罰主義を導入せよとかいう議論がにわかに起こった。実証に基づかない社会的イメージによって教育のあり方が決定されてしまう問題を、両氏は強く訴えている。

似たようなケースはいくらでもある。「親の教育力は低下した」「教師の質は昔に比べて下がった」といった言説がそうである。あるいは佐藤学氏の『教育改革をデザインする』(岩波書店、一九九九年)においても、教育をめぐる「一〇のウソ」が論じられているが、そこには、「日本の教育は勉強に追われてゆとりを失っている」「日本の教育は画一的である」といった俗論が批判的に取り上げられている。これらがなぜ俗論といわれているか、興味のある方には、右の諸著作や広田照幸『教育には何ができないか』(春秋社、二〇〇三年)などを参考にしていただきたい。いずれにせよ、ここでの問題は、偏った事実認識のゆえに問題の本質を見誤った教育論や処方箋が、かえって事態を深刻化させてしまう可能性すら持っているという点である。

二　問題は「規範」

以上、教育をめぐる床屋政談的論議の問題について述べてきたが、右に紹介した教育学者たちの活躍のおかげで、近年、第二の問題、つまり事実認識の問題については、少しずつ改善の兆しがみえるようになってきた。少なくとも、実証的な研究を長い間続けてきた特に教育社会学者たちの仕事は、近年少しずつ一般にも知られるようになってきたし、行政においても、データグラウンデッドな政策決定の重要性は、ある程度認識されるようになっている。

問題は、規範の方である。

先に紹介した、『教育問題はなぜまちがって語られるのか?』では、教育をはじめあらゆる社会的問題は、次の三つのレベルで考える必要があると述べられている。

まず、問題となっている事実を把握する、事実認識のレベルである。次に、その問題がなぜ起こったかを判断する、診断のレベル。そして最後に、ではどうすればその問題を解決・緩和できるかを考える、対策のレベルである。

私はここに、これらすべてのレベルに規範的問題が通底していると付け加えたいと思う。

たとえば、ある中学校で明らかにいじめが増えているという事実認識が得られたとすれば（事実認識のレベル）、続いてその要因が診断される必要がある（診断のレベル）。

頻繁に繰り返される、試験のストレスが主な要因かも知れない。学校内の競争的雰囲気が要因かも知れない。あるいは、教師のけじめのない学級経営が理由かも知れない。いじめを繰り返す特定のグループがあって、その雰囲気が広がったからかも知れない。さまざまな観点から調査して、問題の要因が診断される必要がある。もちろん要因は複数ある場合が多いだろう。実際には、学校内の問題というより、社会的・時代的要因の方が本質的であることも多い。

ここでは話を分かりやすくするため、主な要因が学校内に求められたとしてみよう。対策として、試験を減らすとか、競争ではなく協同的学習の機会を増やすとか、教師が管理を強化するとか、いじめをした生徒たちを退学させるとか、さまざまな案が考えられることになるだろう（対策のレベル）。

さて、しかしこうした一連の過程において、私たちはたいてい、要所要所である問題に行き当たることになる。それが、「ほんとうにそれでいいのか」という、規範的な問題である。

職員会議では次のような議論が起こるかも知れない。試験を減らすことで学習意欲が下がってもよいのか、教師は管理者であるよりよき導き手であるべきではないのか、いじめをした生徒を退学させることは教育的といえるのか、などである。場合によっては、いじめはなくならないものなのだから、そもそもいじめをなくす必要などあるのかといった議論も起こるかも知れない。いずれにせよここには、我が校は成績を上げることを最大目標とすべきである、とか、教師はこうあるべきである、とか、教育はこうあるべきである、とかいった、それぞれの教師の教育「規範」が問い合われているわけだ。この時、私たちはいったいどの「規範」に基づいて教育を考えればよいのだろうか。

こうした規範的問いは、教育社会学などの実証的学問が直接的には問うことのできない問いである。社会学の祖の一人であるマックス・ヴェーバーもつとに指摘しているように、「社会はこうなっている」という事実認識と、「社会はこうあるべきである」あるいは「社会をこうすべきである」という当為《とうい》（規範）は、別次元の問題であるからだ。[1]

たとえば、「人々の価値観は多様化している」という事実認識があったとしても、この認識をもとにして、「その流れに逆らって人々の価値観を統一せよ」という規範を導出することはできない。あるいは逆に、「もっと多様化せよ」ということもできない。もちろん規範導出の際、事実認識を参照することは可能であり、またそうする必要もあるが、私たちは事実認識から当為（規範）へと、議論を直接結びつけることはできないのである。したがって、今日大きな影響力を持ち、そしてまた成果を上げてきた教育社会学は、教育はこうあるべきだという規範を論じることに禁欲的であらざるを得ない。

しかし今、まさにこの規範こそが最大の問題なのである。この問いに十全な回答が与えられない限り、私たちは教育をどのように構想あるいは実践していけばよいか、その指針を見失ってしまうからである。そして序章で繰り返し述べたように、教育学は今、この規範的問いに答える方法さえも見失ってしまっている。

広田氏はこれを、教育学における「規範欠如」の問題と呼んでいる。[2] 実証的学問は、教育の現状がどうなっているかについてある程度把握することはできる。しかし、その現状が問題なのかどうかを判断する規範基準も、この問題を解決する方法がほんとうに「よい」といえるのかどうかも、今日の教育学はほとんど提示し得ていない。いわば教育学は、せっかくの豊富な種々の実証研究の蓄積にもかかわらず、その「規範欠如」のゆえに、これら知見を十分使いこなせていないのである。

役割でいえば、この問題を考えるべきは特に教育哲学といわれる領域である。しかし広田氏から

「臆病な教育哲学」といわれてしまった現代教育哲学は、国内外を問わず、今や教育の「規範」をほとんど問うことすらなくなってしまった。その理由については後述するが、この規範欠如の問題のゆえに、教育学は今日深い混迷の中にいる。教育をどのように構想していけばよいか、その指針が分からなくなってしまえば、そもそも何のための教育研究なのか、どこへ向かって研究をしていけばよいのか、教育学はそのレゾンデートルを失ってしまうからである。

教育の本質と正当性原理を明らかにする本書の試みは、この規範欠如の問題を原理的に解決することにもつながるだろう。

2 教育のいま

一 新自由主義教育改革

教育とは何か、そしてそれはどうあれば「よい」といいうるか。この本書の課題に着手する前に、本節では特に八〇年代より続けられてきた日本の教育改革の流れをざっとおさらいし、教育のいまを把握しておくことにしたい。迷走する教育改革といわれる近年の動向を把握することで、本書が挑む課題の重要性もさらに明らかになるだろう。

さまざまなところでいわれ尽してきたことだが、一九八〇年代から二〇〇〇年代まで続けられた教育改革は、ひと言で新自由主義教育改革と呼ばれてきた。

新自由主義とは、一九七〇年代頃から、アメリカ、イギリス、日本などにおいて急速に力を伸ばした考え方で、いわゆる「小さな政府」を標榜するとされている。政府の介入をできるだけ抑え、市場原理と競争を活用することで経済を効率化・活性化しようとする考えである。具体的には、国営企業を廃し、医療、教育、福祉などの公共サービスを市場に委ねる、また、規制緩和を推進し競争を促進するなどの政策をとる。そこには、財政難にあえぐ中央政府によるコスト削減のねらいがある。

日本における新自由主義的教育改革は、八〇年代半ばに中曾根首相の私的諮問機関として設置された臨時教育審議会を皮切りに、二〇〇〇年代ますます加速し推し進められてきた。教育の「多様化」「弾力化」を基本発想として、「選択と自己責任」「自由競争」などを重視する改革である。具体的には、学校選択制の導入や、株式会社立学校の設置認可などが行われた。

教育の多様化、自由化、個性化、といったキーワードは、一見大いに歓迎すべきもののようにみえる。しかしここには、自由競争の名の下に、きわめて幼い時期からの子どもたちの序列化が進むという問題がある。教育課程審議会の会長を務めた三浦朱門氏が、「できん者はできんままでけっこう」と述べたという話は教育関係者の間ではあまりにも有名だが、実際に教育改革推進派の多くには、弱者を切り捨ててでも競争を通じて一部のエリートを伸ばし、そのエリートに国を引っ張っていってもらえればよいという発想があったようである。[3] エリートが国を豊かにすれば、そうでない者もおこぼれにあずかって豊かになるとする、いわゆるトリクルダウン理論と呼ばれるものである。

それはそれで、確かに一つのアイデアではある。しかし切り捨てられた者は、それで黙っていられるだろうか。しかも、人生のきわめて早い段階で選抜・序列化がなされるということは、最初の基礎条件、つまり親の経済力や教育意識などが大きく物をいうことを意味している。恵まれた者はより恵まれ、恵まれない者はより恵まれなくなるという、格差の拡大と固定化がここで大きな問題となる。[4]

そこで新自由主義は、いわゆる新保守主義と手を結ぶことになった。新保守主義とは、愛国心や伝統の尊重、道徳意識の涵養《かんよう》といったものを重視する立場である。教育の自由化・多様化を謳う新自由主義と、ある種の一元化を謳う新保守主義とは、一見相反する思想的立場のようにもみえるが、両者は次のような発想において手を結ぶことができた。すなわち、たとえ格差が広がっても、あらかじめ教育で連帯意識を備えたある種従順な国民を作っておけば、不満は最小限に抑えられるという発想である。[5]「伝統と文化の尊重」や「我が国と郷土を愛する」といった文言が加えられた二〇〇六年の教育基本法改正には、このような背景もあったと指摘されている。[6]

要するに、この三〇年間の教育改革の動向は、教育を弾力化・多様化することで競争を強め一部のエリートを作り出すことと、そこで噴出する不満を抑えるという動機も含みつつ、国民の連帯意識・道徳意識・自己責任意識を涵養するという、二つの観点から捉えることが可能なのである。

二　複雑化する対立軸

以上二つの観点からみれば、これまでの教育動向はずいぶんと把握しやすくなる。たとえばゆとり教育や学校週五日制は、実施には複雑な背景があるものの、大きくは新自由主義的な流れの中にあったということが可能である。学校をスリム化することで、「できる子」（そして経済的に余裕のある家庭の子）は、学校以外により上質な教育機会を求めることができるという発想である。

一九八九年改訂の学習指導要領で転換がはかられた、「新学力観」も同様である。従来の「知識・理解」よりも「関心・意欲・態度」を重視するようになったこの学力観は、一見柔軟で新時代にふさわしいものに見えたが、いくつかの問題が指摘されている。

まず、子どもたちが「関心・意欲・態度」を重視する内申書の支配にかえって苦しめられるようになったという問題である。ここには、子どもたちの「関心・意欲・態度」の評価が、教師に従順な子どもの評価につながりかねないという問題もある。「今日の中学生の息詰まるような窒息感と彼らの抱いている不公平感、および、教師に対する根源的な不信感は、この内申書の支配によってもたらされていると言えよう」と佐藤学氏はいっている。[7]

そしてもう一つ、学力の階層格差が明らかに広がったという問題である。いわゆる学力低下問題が二〇〇〇年代に社会現象化したが、新旧いずれの学力観に立ってみても、この時低下が著しく見られたのは、いわゆる社会階層下位グループの子どもたちだった。自ら学ぶ意欲を示し、自学自習の時間を確保した子どもたちは、親の学歴が比較的高い、したがって社会階層において比較的上位に位置する家庭の子どもたちであった。学力格差と経済格差の相関関係が、近年ますます高まる傾向にあることは、今ではほぼ実証されているといってよい。[8]

新保守主義的教育改革も、これまで着実に実施されてきた。先にも触れた二〇〇六年の教育基本法改正や、学力低下問題やゆとり教育見直しの流れの中で二〇〇七年に四三年ぶりに復活させられた全国一斉学力テスト、また二〇〇九年に導入された教員免許更新制などが、そうした新保守主義思想に基づく改革として指摘されている。いずれも、何らかの到達目標や査定基準を国が定めることで、中央集権的教育体制を確立しようというねらいがあると指摘されている。[9]

近年の一連の教育動向の底流には、以上のような新自由主義および新保守主義的思想が流れていたとみることができるのである。

しかしここに私たちは、ある奇妙な構造を見出すはずである。新保守主義的教育改革はともかく、ゆとりや五日制や新学力観といった新自由主義的教育改革は、そもそもは、これを推進した保守勢力に対抗してきた、革新勢力が主張してきたものであったはずであるからだ。

戦後から七〇年代までの日本の教育は、自民党と文部省と財界からなる保守勢力と、革新政党と教職員組合と労働・市民運動からなる革新勢力の、二極対立として続いてきた。そして、詰め込み教育や知識偏重教育を一貫して批判してきたのは、まさに後者の革新勢力であったはずである。

戦後日本の教育をめぐる対立軸は、ある意味で単純だった。国家統制を強めたい保守勢力と、これに反対する革新勢力（左翼）の対立である。いわゆる文部省対日教組という対立図式が象徴的である。

たとえば、道徳の時間を設置せよという保守に対して、革新が反発した。それまでは手引きとしての位置づけであった学習指導要領に法的拘束力を持たせようとした保守に対して、革新が反発した。いずれも革新勢力が敗れる形となったが、いずれにせよ当時の対立軸は、中央集権か教育の自由かにあった。教育学的には、「国家の教育権」か「国民（親）の教育権」かといわれたものである。[10]

ところが八〇年代半ば頃から、保守勢力の中に新自由主義的勢力が登場し、これまで述べてきたように、徐々に大きな力をもつようになった。従来の単純な保守―革新対立は、もはや成立しなくなった。広田氏がいう、旧来の保守―新自由主義的保守―左翼の社民・リベラルという、三つの勢力からなる三極モデルが出来上がったのである。[11]文部省対日教組とか、保守か左翼かとかいった対立で教育や政治を考える時代はとっくの昔に終わった、といわれるゆえんである。

この三極化した対立軸が、今日の教育をめぐる複雑な事態を生んでいる。

中央集権からの脱却を掲げる革新勢力からすれば、新自由主義的勢力は、その点については手を握ってもよい相手に見えた。しかし他方で平等の観点からすれば、格差を拡大する傾向にある新自由主義は、敵となるべき存在である。

そこで革新勢力は、前者と後者と、その重点の置き所の違いから、立場が分裂することになった。前者の立場をとる黒崎勲氏と、後者の立場をとる藤田英典氏の間で交わされた、いわゆる黒崎―藤田論争は、教育学の世界では有名である。[12]いずれにせよ、再び広田氏の言葉を借りれば、「誰と誰が、何をめぐって闘っているのか、非常にわかりにくい時代になったわけである」。[13]

そして今日、事態はさらに進展している。以上述べてきた新自由主義は、二〇〇七年のアメリカにおけるサブプライム・ローン破綻に始まり、二〇〇八年のリーマン・ショックを引き金とした世界金融危機を契機に、今日大幅な見直しを迫られている。二〇世紀末からの教育改革の大きな論拠となったこの立場の漸次的失墜は、必至のように見える。これまでの三極構造が、再び崩れていくことは確かだろう。しかしだからといって、ポスト冷戦時代において、再び保守―革新の二極構造に戻るはずもない。

つまり現代の私たちは、ポスト新自由主義の教育をどのように構想していけばよいのかという、切実な問いの前に立たされているわけだ。そしてその答えは、今なお深い混迷の中にある。

三　新時代の教育ヴィジョン

とはいえ、もちろん多くの教育学者たちは、上述した現状を踏まえた上で、新自由主義的教育に代わるアイデアを出してきた。

ほんの一部しか紹介することはできないが、たとえばこれまでにもしばしば言及してきた広田氏は、現代の教育が直面している問題の一つは、「特定の規範や道徳で社会を統合する共同体的公共性を追求しようとするか、それとも、多元的で多様な価値をもつ個人からなる市民社会的な公共性を追求しようとするか、という争点」にあるといっている。「一元化を『秩序』と見るか、相互許容的な多元性を『秩序』と見るかの対立である」[14]。広田氏が志向するのは、後者である。

新自由主義教育改革は、先にみたように、一部のエリートが支える強い経済と、愛国心教育による国民の道徳的統合を狙っていた。しかし、価値観やライフスタイルの多様性は確実に進行しているし、今後日本国内に何百万人もの外国人が暮らすようになるであろう現状を考えれば、ナショナリズムの涵養はかえって相互理解や共生の妨げになるはずである。そう広田氏は主張している。

あるいは鈴木寛氏（二〇一一年現在文部科学副大臣）は、次世代のヴィジョンについて、「新自由主義で強調される『自己責任』によるスタート段階での社会的格差を縮小し、弱肉強食的社会の出現を避けようとすれば、社会における人と人の相互扶助の促進や、絆と連帯を強化する、つまり『中小の政府規模』で『大きな公共』を作ることが必要」[15]だと述べている。いわゆる「新しい公共」といわれる考え方である。

そのための氏の具体的な――そして今日広がりつつある――教育アイデアの一つが、保護者や地域住民や学生ボランティアたちが教師と共に学校を作っていく、コミュニティ・スクールである。学校運営に地域が積極的にかかわっていくわけだが、その本質は、地域による学校監視やコントロールというよりは、学校がより教育に専念でき子どもたちと向き合えるよう、地域が学校をサポートしていくという発想にある。あるいはまた、地域の教育力を学校内に活用していこうとする発想にある。

新自由主義的教育改革には、学校間競争や教師管理を通して、教育の質を高めようという発想がみられた。しかしその結果、教師の間に成果主義・査定主義に対するストレスが高まり、かえって教育の質は下がる傾向にあるといわれている。教育にとって必要なのは、相互競争ではなく、教師一人一人の自主性や創意工夫を活かした、そして協働を通した「信頼で結ばれる学校」だと指摘されている。[16]コミュニティ・スクールは、そうした学校づくりの一つの方途と考えることもできるだろう。

四　再び本書の問いへ

さて、しかしここで重要なのは、私たちはこうした新しい教育のヴィジョンを、どのような観点から「よい」とか「よくない」とかいうことができるのか、という問いである。

なぜ、統一的価値社会より多元的価値社会のほうが「よい」といえるのか、あるいは「よくない」

といえるのか。なぜ、コミュニティ・スクールは「よい」アイデアといえるのか、あるいは「よくない」アイデアといえるのか。新たな教育ヴィジョンを打ち出していく必要に迫られている現代、この判断基準はきわめて重要である。この基準がなければ、教育議論は、先にみたような諸「規範」や好き嫌いや印象論の主張のし合いといった、非建設的で非本質的な議論に終始してしまうだろうからである。

どのようなアイデアであっても、批判することは簡単である。とにかくそのアイデアの欠点や例外を指摘し続けることで批判することもできれば、極端にいえば、「何か気に食わない」といって批判することも可能である。しかしそれは、あまりに非建設的な議論というほかないだろう。私たちは、様々な教育アイデアやヴィジョンを、建設的な議論を展開するためにも、どのような観点から「よい」あるいは「よくない」と判断することができるのか、ある程度共通了解を得ておく必要があるはずだ。

もちろん、何度も述べてきたように、ある教育を「よい」といいうる絶対的な基準はない。しかしそれでもなお、様々な教育アイデアの正当性を何らかの形で判断する必要があるとするなら、私たちは、繰り返し述べてきたように、「そもそも教育とは何か」という問いから説き起こし、「ではどのような教育を『よい』『正当』といいうるか」という問いに答える必要がある。

こうして私たちは、再び本書の問いへと導かれるのである。

3 教育学の混迷

一 戦後教育学の行き詰まり

以上みてきたように、教育の本質と正当性の原理解明は、現代教育学喫緊《きっきん》の課題である。しかしこれまでしばしば述べてきたように、今日、教育学はこの問いに答えることはおろか、この問題を問う方法さえ見失ってしまっている。

それはなぜか。この問いから始めることで、上記課題を解明していく理路を提示していくことにしたい。

まず、その一つの背景である、いわゆる日本の戦後教育学とその行き詰まりについて述べていくことにしよう。

日本の教育学は、戦後二つの軸を中心として展開してきた。保守政権への対抗と、教育固有の価値の探究である。前者については、先にも述べたように、八〇〜九〇年代以降、保守対革新という対立軸が意味をなさなくなったことを背景に、今やほとんど足場を失っている。[17]

後者、すなわち教育固有の価値の探究は、いわば教育それ自体に、政治や経済からは独立した価値があることを主張していくものである。たとえば子どもの「発達」それ自体に価値を見出したり、教育を受けることをいわば絶対的な「権利」と捉えることを主張したりするものである。そこには、冷戦期における、現実の政治的抗争からは距離を取ろう――あるいは政治に回収されることを防ごう――とするねらいもあった。

しかし、教育には教育固有の価値がある、と主張し続けることは、政治や経済といった現実的条件をほとんど考慮に入れない、ある意味ではナイーヴなアプローチにもなりかねない。

たとえば、「発達」それ自体に価値を見出すアプローチは、子どもの「生き生きとした発達」こそが至上価値だと主張しがちである。しかし、ではそれが可能な教育とはどのようなものか、と再度問うた時、政治や経済から距離を取る教育学のアプローチは、なかなかその現実的な条件を提示することができないのである。子どもたちには無限の成長可能性があって、これを余すことなく引き出すことが教育だとどれだけいったところで、その条件を現実に整えるためには、政治的社会的観点が不可欠だからである。

「教育固有の価値」は、確かに耳当たりもいいしどこか美しい。無限の可能性、学びの権利、子どもたちの目の輝き、教師と子どもの愛情関係、信頼関係、仲間意識、絆……。こうした言葉は、確かにこれまで、教育実践の大きな指針であり得たし、また教師たちの勇気の源にもなってきた。しかしそれが教育の文脈のみで語られるなら、私たちはその実現可能性の力強い探究からかえって目を逸《そ》らすことになってしまうのだ。「教育固有の価値」を実現するためにも、私たちは、この価値をより深いところから支えるような、「よい」教育の構想原理を解明する必要がある。

二　理想・当為主義

右のような戦後教育学の行き詰まりの中、教育学は今、また別のアプローチを探るようになっている。いくつかの新しい動向が登場しているが、しかしこの流れもまた、新たな、それも相当に深刻なデッドロックに行き当たっている。そして私の考えでは、以下に述べる問題こそが、教育とは何か、そしてそれはどうあれば「よい」といいうるかという、教育学にとって最も重要であるはずの問いに、私たちが力強く答えることができなくなってしまった最大の理由である。

この問題を、私は、「理想・当為主義」「相対主義」「規範主義」の、三つの思想的立場の対立あるいは齟齬《そご》と呼んでいる。

理想・当為主義から、順次論じていくことにしよう。

これは文字通り、「これこそが真の教育だ」という理想を掲げ、「したがって教育はこうあるべきだ」と、当為（〜すべし）を声高に主張していく立場のことである。本書冒頭でも述べた、自らの経験を一般化して教育の「規範」を主張することもこれに当たる。

もっともこれは専門的教育学においてというよりは、実践的、政策的レベルでの議論に多いものである。藤田英典氏も次のようにいっている。

教育に関する実践的・政策的議論はほとんど例外なく、「真正の学習」とか「理想の教育」といった「理想・当為」を実現しようという意図によって導かれている。この意図の形式的共通性のゆえに、教育の在り方をめぐる議論は理想論・当為論として展開しがちであり、教育問題は「理想・当為」からの乖離・逸脱の問題としてとらえられがちである。つまり、当為問題として措定されがちである。[18]

あるいは苅谷剛彦氏も、次のようにいう。

教育をめぐる議論には共通する特有のスタイルがある。あるべき理想の教育を想定し、そこから現状を批判する。批判そのものにはだれも異論はない。前提となるあるべき教育の理想には、だれも正面からは反対できない崇高な――抽象的な――価値が含まれている。[19]

教育の「理想・当為」と呼ばれるものは、たくさんある。

教育は「個性」を伸長するものでなければならない、「できる子」をよりできるようにしなければならない、「平等」でなければならない、「愛国心」を育成するものでなければならない、「道徳心」を涵養するものでなければならない、「伝統」を教えるものでなければならない、国の「リーダー」を育てるものでなければならない、などである。苅谷氏がいうように、これらの理想・当為は、確かにそう簡単に正面から反対できるようなものではない。

しかし本章冒頭でも述べたように、こうした理想・当為の一般化は、たいていの場合、別の理想・当為との間に深刻な対立を生むことになる。「できる子」の教育を理想・当為とすれば、「平等」を理想・当為とする教育と対立するといった具合である。

要するに理想・当為主義は、それが一つの絶対的理想・当為として主張される限り、他の理想・当為との対立を避けることができないのである。そして互いが互いの理想・当為を絶対化してしまう限り、この対立を根本的に解消することはきわめて難しい。

三 相対主義

そこで登場したのが、序章でも述べた相対主義である。

これはひと言でいって、「絶対に正しいことなどあり得ない」ということを、強く主張する立場のことである。七〇年代頃から徐々に広がりを見せ、九〇年代から現在に至るまで、教育学、特に教育哲学においては、国内外において非常に強力な勢力となっている。

その背景には、理想・当為主義的な教育や、より広くいえば政治が、実はきわめて暴力的なものであったことが明らかにされてきた経緯がある。

いうまでもなく、二〇世紀はイデオロギーの時代であった。ファシズム、ナチズム、マルキシズム、スターリニズムなどのイズム（主義）が登場し、この主義に従わないものに対する凄惨な殺戮《さつりく》が繰り広げられた。

こうした二〇世紀の悲劇的な経験を通して、多くの人々は、「これこそが絶対である」「これこそが正義である」といった主張を、すべて危険であやしげなものと感じるようになった。「絶対」を掲げる人々に対する、恐怖と怒りが沸き起こったのである。

その急先鋒を担ったのが、いわゆるポストモダン思想家と呼ばれる人たちだった。彼らは、近代における「これこそが正しい」とするあらゆる考えを、次から次へと相対化していった。

教育の世界においても、それは例外ではなかった。

一七世紀のコメニウスや一八世紀のカントなどに起源を持つとされる近代教育学は、基本的に、教育を通して達成されるべき個人、そして達成されるべき社会という、一種の究極目的を掲げてきた。たとえばコメニウスにとって、「人間究極の目的は現生の彼方にある」[20]、つまり神の世界にある。したがって教育の目的は、この神の作った世界を知り、そして神への敬虔を育むことにあるという。

カントにおいては神の存在は希薄になるが、代わりに、「人格性」「道徳性」が教育目的として論じられるようになる。[21]

あるいはフランス革命期に活躍したコンドルセは、教育は「権利の平等」を保障するものであり、そのためには、専制的権力の恣意を許さない、絶対的真理が万人に教えられるべきだと主張した。そしていう。「新しい真理の発見によって、はじめて人類は完成の途を歩みつづけることができるであろう」[22]。

しかし現代では、こうした何らかの絶対的なものや進歩を素朴に信じる教育論は、ほとんど説得力を失ってしまった。神が存在するかどうかは決して分からないし、「道徳」など時代や地域によって大きく変わる、そして「進歩」を信じた結果が、核による大量殺戮や環境汚染だったというわけである。

これら近代の教育理想ともいうべきものが、相対主義によってこれまでどのように解体されてきたか、以下少しかいつまんで紹介しておこう。

（二）不平等を再生産する学校制度

たとえば七〇年代には、とりわけボウルズとギンタスといった研究者たちによって、自由で平等な社会を達成すべきものとされてきた（アメリカの）教育が、実はむしろ、資本主義における既存の不平等な社会秩序を再生産する権力機構の一端を担っていることが暴露されることになった。つまり、階級間の不平等は、学校制度のためにさらに広がり固定化する傾向にあることが明らかにされたのである。一九世紀、アメリカ公教育の父と呼ばれたホレース・マンによって、「教育は、人間が考えだした他のあらゆる工夫にまさって、人々の状態を平等化する偉大なはたらきをするものである」[23]と称えられた教育の理想は、こうして突き崩されることとなった。

なぜそのような不平等が再生産されるのか。ボウルズ＝ギンタスによると、それは、「資本家階級が、労働者階級の労働力を高め、同時に、労働の果実を資本家の利潤に転換することを可能とするような社会的条件を再生産するような制度として求めたのが学校教育であった」[24]からである。資本家が圧倒的に優位な資本主義社会においては、教育もまた資本家たちに牛耳られている。そのため学校では、教育を通して従順な労働者を作ることが目的とされている。そう二人は主張した。

ボウルズとギンタスによれば、資本家は子どもたちを、「教育的体験を通じて、成人して労働者となったときに直面する、無力感の度合いを受け入れるよう誘導」[25]することによって従順な労働者に育て上げる。たとえばアメリカのコミュニティ・カレッジ（二年制大学）について、二人は次のようにいっている。

コミュニティ・カレッジの学生の圧倒的大多数は、失敗のプログラムに組み込まれている。学生が成功できないのは各人自らの能力不足にもとづくということが客観的な事実であるということを学生に説得するということに、大きな努力が払われている——たとえば能力テストとか学生相談を通じて——。[26]

自分たちには能力が不足しているから、大人になったら資本家の下で働く労働者になるほかない。労働者の子どもたちは幼い頃から、教育を通してそう思い込むよう育てられるのだ。ボウルズとギンタスが強く訴え批判したことは、極端にいえばそういうことだった。

もっとも、アメリカの資本主義に「必要なのは葬儀屋である」[27]と主張した当時のボウルズとギンタスは、社会主義革命こそが必要だと考えた点において、ポストモダン的相対主義者であったわけではない。むしろ彼らは、次世代の「あるべき教育」を強く訴えた研究者たちだった。[28]

しかしこの頃から、教育（学）の世界において、かつての近代教育（学）が理想としたものに対する、強い疑義の念が生じるようになったといってよいだろう。

ミシェル・フーコー、ジャック・デリダといった思想家たちが参照されながら、近代教育学の理論はこの後ことごとく相対化されていくことになる。もっとも、ポストモダンの思想家と呼ばれる人たちを、みな相対主義者として片付けてしまうのはかなり乱暴である。実際、自分は相対主義者ではないと主張するポストモダン思想家も多くいる。しかし全体的にみて、教育学において最も大きなインパクトを与えた彼らの仕事は、近代的教育規範や思想を徹底的に相対化する点にあったといっていいだろう。

(二) 権力に従順な子どもを育てる学校

八〇年代以降、フーコーの規律権力理論が、教育学の世界を席巻することになった。フーコーが著書『監獄の誕生』で描き出したのは、近代の権力は、それ以前の強大で目に見える専制権力とは異なり、監獄や学校、病院、軍隊といった装置を作り出し、そこにおいて、権力に従順になるよう人々を訓練し規律化しているのだという、そのような権力像だった。

近代以前、犯罪者は人前に引きずり出され、公開の場で処刑されていた。しかし近代以降、犯罪者はむしろ社会から隠されることになった。彼らは監獄で、権力に対して従順になるように矯正教育を受けることとなる。そして学校は、前もって権力に従順な子どもたちを育てる場として機能することになる。フーコーはいう。

> 死刑執行人、すなわち死刑囚の苦痛にじかにふれる解剖家のかわりに登場してきたのが、一団の専門家たちであった。すなわち、看守、医師、司祭、精神病医、心理学者、教育者である。[29]

教育関係者はこの理論にぞっとした。今まで子どもたちのためにと思ってやってきた教育が、実は知らず知らずのうちに権力に従順な子どもを育てることになっていたなんて、と。

以来教育学は、教育におけるあらゆる権力関係を暴露することに多くの力を注ぐことになった。試験や成績、時間割、制服といった装置によって管理される、学校教育における権力の暴露である。[30] フーコーも次のようにいっている。

その空間（学校――引用者）によって、それぞれの生徒の座席が定められた結果、ひとりひとりの取締りと全員一斉の勉強が可能になった。また勉強時間の新しい節約が組織化された。学校の空間を、学ぶだけのみならず監視し階層化し賞罰を加える一つの装置として機能せしめるようになった。[31]

『脱学校の社会』を著したイヴァン・イリッチも、学校による「価値の制度化」を批判した思想家である。学校は、価値あるものはこういうものだと決めつけ、子どもたちに教え込む。その結果、制度によって決定された価値観の中で飼い馴らされた人々は、やがて「どんな種類の制度的計画をも受け入れる状態になる」。[32] そうイリッチは批判する。

学校だけではない。イリッチにいわせれば、「教育ばかりでなく現実の社会全体が学校化されてしまっている」。[33]

たとえば病院がそうである。病院が制度として確立したことで、学校に行かず独学することが非難されるように、病院に行かず自分たち自身で自分や人を治療することが非難されるようになった。

こうした制度化は、貧困者をますます貧しくしていくことになる。そうイリッチは指摘する。それまでは、貧困者はたとえ貧しくても、少なくとも独力で何とかやっていこうとすることはできた。しかし教育や医療の一切を制度に依存する社会においては、そうした独力さえ許されなくなってしまうのである。こうして、平等を実現するものと期待された教育は、結局のところ不平等を再生産する装置となってしまった。「学校制度はチャンスを平等にしたのではなく、チャンスの配分を独占してしまったのである」[34]。これがイリッチによる学校批判の要諦である。

(三) 相対主義の問題

もっとも、ここで詳論する余裕はないが、イリッチはこうした教育制度に対するオルタナティヴを出しているし、フーコーも特に晩年になって、われわれの生に浸透する権力を批判するに止まらず、そのような社会にあっていかにして自己をより豊かな存在たらしめることができるかという問いを問うている[35]。両者は共に、教育はだめだだめだと声高に主張しただけだったわけではない。

しかし彼ら以降の教育学は、むしろ、近代教育（学）がいかに権力的、暴力的、そしてドグマ的であったかを暴露することに、特に力を注いできたように思われる[36]。どのような教育行為も、結局はイデオロギーであることを免れない。ポストモダン教育学は、そうしたイデオロギーの暴力性や危険性を、次から次へと告発し続けてきた。

これこそが正しい教育だ、と、何らかの教育的価値を絶対化しようとする理想・当為主義の危険性に対して、相対主義が行った徹底した批判の意義は大きかった。私たちはもはや、何らかの教育的価値をナイーヴに信奉することはできなくなった。

しかし同時に、この相対主義はきわめて大きな問題をもたらした。「ではどのような教育をわれわれは構想していけばよいのか」という問いに、一切はドグマであると批判する相対主義は、論理上決して答えることができないからである。今日、理想・当為主義は相対主義によってことごとく相対化された。しかしそれゆえにこそ、私たちは、次の教育を具体的に構想していくことができなくなってしまったのである。これが序章でも述べた、現代教育学最大のアポリアである。

四　規範主義

そこで、日本では二〇〇〇年代頃から――英語使用圏ではおそらく八〇年代末頃からその動向はあったように見えるが[37]――理想・当為主義にも相対主義にも搦《から》めとられることなく、教育の「よさ」をどう問うていくことができるかを探究する動きが起こるようになった。私はこれを、規範欠如の問題が指摘される教育学において、何とかして規範を論じていこうとする、規範主義的立場と呼んでいる。

日本における規範主義の第一人者である宮寺晃夫氏は、「教育の目的がさまざまな価値観から述べられていくなかで、『これこそが教育の目的論としてふさわしい』というようなことがどのような根拠からいえるのであろうか」[38]と、自らの問題意識を述べている。まさに本書と同じ問題意識である。

宮寺氏がいうこの問題解決のための方法は、次のように語られる。すなわち、人々のあいだの調停困難な多様性を「事実として受けとめた上で、それぞれの主張の妥当性を正当化理論にまで溯って示し合うこと。それを求めていくのが規範的教育哲学の基本的な戦略」[39]である。

こうした問題意識が登場してきたことは、現代教育学にとってきわめて意義深いことである。規範的問いを避けて通ることができないはずの教育学は、これまであまりに長い間、この問いから目を背け過ぎてきた。宮寺氏を中心に、現代教育学はまた新たな展開へとさしかかっている。

しかしその一方で、宮寺氏自身、規範主義には次のような深刻な問題があるといっている。すなわち、どれだけある教育目的を正当化しようとも、それは結局自分たちが所属する「共同体の人倫による《正統化》にすぎない」、すなわち、私たちは「所詮多様化と相対化の渦から超絶できないのだ」[40]という問題である。[41]

要するに規範主義も、相対主義の強力な論理の前に、教育の「規範」を容易に打ち出すことができずにいるのである。

宮寺氏はこの問題を何とか克服しようと試みているが、その答えはまだ積極的には打ち出されていない。そして私の知る限り、国内外を問わず、規範主義的教育哲学は、再び教育の規範を論じようという重要な問題を提起しはしたものの、今も相対主義を乗り越える論理を提示し得ていないのが現状である。

それでもなお何らかの規範を論じずにはいられない規範主義は、今日、特に英語圏においては、多元的価値の一つの「立場」を言明していくという方法によって、教育の規範や正当性を論じているように見える。[42]後にまた言及するが、個人の不可侵の「自己所有権」を徹頭徹尾重要視せよとか、社会生産の最大化が根本であるとか、とにかく平等を守れとかいった主張がなされ、激しい論争が繰り広げられている。[43]

しかしそれは結局のところ、やむにやまれぬ理想・当為主義への退行にもなりかねない。相対主義の力の前に説得的な論証もできないまま、「とりあえずこの立場が正しいのだ」ということは、下手をすれば、声が大きかったり力が強かったりする者の意見が通る、パワーゲームにもなりかねない。

もちろん、理想・当為主義と相対主義双方の問題をよく自覚している規範主義は、こうした問題を回避したいと思っているはずである。しかし論理上、規範主義が理想・当為主義へと退行してしまいがちであることは否めないし、後にみるように、私の考えでは、規範主義はかなりの程度、すでにそうした問題を抱え込んでいる。

こうして、理想・当為主義と相対主義の問題を克服しようと登場した規範主義も、今日、結局のところ相対主義の論理に呑み込まれるか、理想・当為主義に再び近づいてしまうという問題を抱え込んでいる。私たちは今、どのような教育を「よい」といいうるかという問いに答える方法を、完全に失ってしまっているのである。

この問題を、私たちはいったいどのように解くことができるだろうか。

第二章

アポリアを解く

1　現象学の援用

本章では、これまで述べてきた現代教育学のアポリアを克服する方法（考え方）について論じたい。

一　欲望相関性の原理

これまでの話は、つまるところ、私たちは今日、どのような教育論を唱えたところでそれを一般化したり絶対化したりすることなどできない、ということだった。それが、ではどのように教育を構想していけばよいのか、どのような教育実践であれば「よい」といいうるのか、という問いに、教育学が力強く答えられなくなってしまった理由である。

この問題を、私たちはどうすれば解くことができるだろうか。

序章において、私はすでに、現象学の方法によってこの問題を解く道筋を示しておいた。

今一度いっておこう。私たちはまず、一切の教育論を相対化してしまう必要などはない。なぜなら私たちには、このような教育は「よい」といえるのではないかという信憑や確信が、何らかの形で動かしがたく訪れている、あるいは訪れうるはずであって、この信憑や確信の訪れそれ自体については、疑うことも相対化することもできないはずであるからだ。

この先生はいい先生だ、この授業はいい授業だ、この教育はいい教育だ……。私たちがそのように感じたとするなら、それが絶対にいい先生、いい授業、いい教育であるかどうかはいい得ないが、それでもなお、私たちがそのように感じてしまったことそれ自体は、疑うことも相対化することもできないはずである。

したがって私たちの問いは、絶対に「よい」「正しい」教育とは何か、と問うことでも、絶対に「よい」「正しい」教育など決してあり得ないのだ、といい続けることでもなく、なぜ、そしてどのようにそのような信憑や確信が訪れたのか、その「確信成立の条件」を明らかにすることにある。そしてこの条件を、互いに問い合っていくことである。その過程において、私たちは、絶対に正しい教育論を明らかにするのでも、これら一切を相対化するのでもなく、「なるほど、確かに教育とはこのような営みといいうるし、またこうした教育は〈よい〉といいうるに違いない」、という、そのような共通了解を得られるような教育論にたどり着くことができるはずである。

絶対に正しい教育などない、ということは、織り込み済みのことであって今さら取り立てて主張するほどのことでもない。それゆえあらゆる教育論をただ相対化し続けることは、あまりに非建設的な営みというほかない。むしろ私たちは、自らに動かしがたく訪れる教育についての信憑・確信の、その成立条件と構造を問い合うことで、相互に納得しうる共通了解を見出す方向へと、探究を進めることができるし、またそうする必要があるのである。こうして私たちは、相対主義の論理に搦めとられることで教育の「よい」を論じることができなくなっていた現代教育学のアポリアを、いわば呆気なく解くことができるようになる。

ちなみにここでいう「共通了解」とは、単なる妥協の産物でも、ましてや多数決で決まるようなものでも決してない。「了解」という以上、それはあくまでも自らの深い納得を伴う了解のことであって、強制された合意とは無縁のものである。私たちの探究は、どこまでも、相互に納得し合うことのできる「共通了解」をめがけることにあるのである。

ではそれは、どのようにして可能だろうか。

まず私たちは次のことを明らかにする必要がある。私たちが、ある教育を「よい」とか「よくない」とか思う、その信憑や確信は、いったいなぜ、そしてどのように成立するのだろうか。つまり私たちは、なぜ、そしてどのように、教育に関するある価値観を抱くのか。

その原理は次のようである。

教育に限らず、あらゆる知覚、価値観、あるいは信念等に関する信憑や確信、それらは、私たちの「欲望」に相関して現れる。

これは竹田青嗣が、フッサールとその弟子ハイデガーの哲学を継承し、「欲望相関性」の原理として提示したものである。[1] 以下簡潔に説明しておこう。

たとえば、今目の前にある水のペットボトルは、それ自体において絶対的な意味や価値を持つものとはいえない。それは常に、私たちの欲望に応じて立ち現れるものである。喉が渇いていれば、この水は飲み水として立ち現れる。火を消したい時は、消火のための水として立ち現れるかも知れない。誰かに襲われた時は、武器や防御のための道具として立ち現れるかも知れない。手近にボールがない時は、その代わりの遊具になるかも知れない。このように、あらゆる意味や価値は、私たちの欲望に相関的に立ち現れる。「なにかがあるとは、それが〈私〉（という〈欲望〉）にとって対象となるような仕方で現われるということ」[2]なのである。

「欲望」というと、どこか生々しい、我欲的で剝き出しの「欲望」がイメージされるかも知れないが、ここでいう「欲望」は、むしろ「～したい」一般、あるいはハイデガーの言葉を借りれば、この「～したい」を了解することで「～できる」「～できるだろうか」へ開かれるという、「存在可能」としての私という意味もまた併せ持つ概念である。[3] 世界は絶対客観的な実在としてあるわけではなく、私たちの「～したい」「～できる」という、実存的な相において立ち現れるものなのである。[4]

たとえば生まれて間もない子どもにとって、この空はただ果てなく広がる空間でしかないだろう。「空を飛びたい」という欲望を持った古代人にとって、それは空想を巡らせる舞台であっただろう。そして今や「空を飛ぶことができる」私たちにとって、それは移動可能な空間である。私たちの認識は、常に、「～したい」「～できる」という、私たちの実存的な相において成立しているのである。

さて、竹田もいう通り、この「欲望相関性」の原理がまさに原理たりうるのは、私たちがこの原理を自ら確かめることができるということ、より正確にいえば、私たちに確かめ可能な最後の「底板」であるという点にこそある。

たとえばペットボトルを見た時、私には喉の乾きを癒したいという欲望があったとすれば、あるいはこれを遊具として遊びたいと思ったとすれば、私たちはその「欲望」を確かめることができる。そしてそれが、確かめうる最後の地点である。なぜ私にそのような「欲望」が訪れたのかとさらにその底の動因を知ることは、絶対的には不可能なことであるからだ。[5]

これはあらゆる欲望についていえることである。なぜ私はこの人を好きだと思ってしまったのか、その原因を絶対的に知ることはできない。それは遺伝子に組み込まれた本能のためかも知れないし、脳がそのように命令しているからかも知れないし、生育歴における何らかの要因のためかも知れない。しかしその原因を絶対的に知ることは、不可能なのである。私たちに知りうる最後の地点は、私がこの人を好きだと思ってしまった、その地点までである。

もちろん私たちには、自分の欲望が分からない、自覚できない、ということもある。ほんとうにこの人が好きなのかどうか、分からないということもある。しかしそれでもなお、もしそのような欲望が自覚できたとしたら、その地点が、私たちに確かめることができる最後の底板なのである。

要するに、私たちが抱いている何らかの確信(価値観・信念)が成立したその理由として、私たちは、自らの欲望の地点までであれば確かめることができるのである。私がこの人を「嫌な奴だ」と思うのは、私自身のうちに、「ほんとうはこの人のようになりたい」という欲望があるからかも知れない。そのようなルサンチマン(妬み、そねみ)が、この人を「嫌な奴」と認識させたのかも知れない。「この先生はいい先生だ」と思うのは、この先生がいつも親切に話しかけてくれるからであり、そして私の中に、そのようにケアされたいという欲望があるからかも知れない。こうした時、私たちは、その自らの欲望までであれば確かめることができる。これが、一切の認識は欲望相関的であるということの意味である。そしてこの原理の原理性を、私たちは自らに問うという形で確かめることができるはずである。

二　教育学への援用

以上の考察を教育（学）に援用すると、次のようになる。すなわち、あらゆる教育論は欲望相関的である。

より正確にいうと、私たちは自らの教育論の底にある何らかの欲望までであれば、確信（教育論）成立の条件としてたどりうる。

繰り返すが、ここでいう「欲望」は、剝き出しの生々しい我欲的欲望のみをいうわけではない。「欲望相関性」の原理は、私たちは世界を「〜したい」一般から認識しているという原理である。それゆえ「欲望」という言葉が余りに強すぎると感じられるなら、場合によってはハイデガーの「関心」という言葉を使ってもいいだろう。[6] つまり、私たちは自らの教育論の底に、多くの場合、何らかの欲望や関心を見出すことができるはずである、と。[7]

たとえば、「教師は自分を犠牲にしてでも子どもたちに尽くすべきだ」という、第一章で挙げた例を再び取り上げてみよう。なぜ私はこのような規範を抱いているのか。そう問うてみることが重要である。そうすると、たとえばそこには、「先生ともっと仲良くなりたい」という欲望が見出せるかも知れない。先生ともっと話をして自分のことを分かってもらいたいのに、なかなか自分の方を見てくれない。そんな不満が、「教師は自分を犠牲にしてでも子どもたちに尽くすべきだ」という、規範となって現れたのかも知れない。

あるいは、「教育は個性を必ず尊重するものでなければならない」という規範を唱える人の奥には、画一的な教育への嫌悪、したがって、もっと自分に合った教育を受けたいという欲望があるのかも知れない。また、「いじめた子どもは即刻退学にすべきだ」という規範の奥には、いじめは絶対に許してはならないという問題関心があり、そのさらに奥には、自身いじめを受けたことによる、いじめをした人間に対する仕返しへの欲望があるのかも知れない。

すべての教育論は、欲望・関心相関的なのである。繰り返すが、私たちには、自らの教育論の底にある欲望や関心をはっきりとは自覚できないこともあるだろう。しかしそれでもなお、私たちは、自らの教育論を支える欲望や関心までであれば自覚的にたどりうる。その意味において、私は、「すべての教育論は欲望・関心相関的である」というテーゼを、教育を考える際の最も根本的な初発の考え方として提示したいと思う。

とすれば、続いて私たちは、ある教育論を絶対化するのでも相対化するのでもない、共通了解を見出すための道筋を作り出すことができるようになる。

教師は自分を犠牲にしてでも子どものために尽くすべきだという規範をかざされると、多くの教師は納得しようとしないだろう。しかし、この規範の奥に、先生ともっと親密になりたいという生徒や親の欲望があったとすれば、そしてその思いがちゃんと伝われば、きっと多くの教師は、その欲望それ自体には理解を示そうとするはずだ。相互了解の可能性が生まれるのである。

つまり私たちは、現象学の方法を援用することで、次のようにいうことができるようになるのである。

私たちは自らの教育論をナイーヴに主張し合うのではなく、それを支える欲望・関心の次元まで遡り、これを常に自覚的に問い直す必要がある。そしてその欲望・関心が、他者にとっても十分納得のいくものであるかどうか、問い合い吟味する必要がある。

先に挙げた、「もっと先生と仲良くなりたい」という子どもの欲望を、教師は多くの場合、納得し受け入れることができるだろう。そうすれば、そのためにはどうすればよいか、という方向へと思考を向かわせることができるようになる。あるいは他方で、「いじめをした子どもは即刻退学させるべきだ」という教育論の底に、もしかつていじめを受けたことに対する仕返しへの欲望があったとしたら、私たちはこの欲望を自覚することで、自らの教育論を見直すことができるようになるかも知れない。

「いじめをした子どもは即刻退学させるべきだ」という教育論が、絶対に間違っているという訳ではない。しかしもしそれが、他者の了解が得られそうにない自身の欲望から作り上げられた教育論であったとするなら、このことを自覚することで、私たちは少なくとも、この教育論を見直すきっかけを得ることにはなるはずである。

いずれにせよ私たちは、互いに互いの教育論の底にある欲望・関心を問い合うことで、自らの教育論を見直すことも、また共通了解へと向かって思考を向かわせることも、できるようになるのである。

さて、とすれば私たちは、教育とは何か、そしてそれはどうあれば「よい」といいうるか、という本書の問いについても、今やその根本的な問い方を手にしたことになる。すなわち、私はこのような欲望・関心のゆえに、教育の本質と正当性を次のようなものとして捉えているが、果たしてこの欲望・関心は、普遍的に了解されうるものであろうか。そしてまた、この欲望・関心から導出された教育の本質および正当性論は、十分共通了解の得られるものとなっているだろうか。これが私たちの問い方となる。

換言すれば次のようになる。私たちはいったいどのような教育を欲するのか。そしてそれは、普遍的に了解されうる欲望、およびそこから導出された、普遍的に了解されうる教育のあり方といえるだろうか。

これを私は、教育構想のための「欲望論的アプローチ」と呼びたいと思う。そして次のようにいうべきである。右に述べてきた現象学的方法が理解されるなら、私たちが教育を考える際の最も根本的な方法は、この欲望論的アプローチのほかにないはずである、と。

いわれてみればずいぶんとシンプルな考え方だが、実はこのアプローチは、私の知る限り、教育構想のための理論において、これまでほとんど気づかれてこなかったものである。さらにいえば、前章で述べた「よい」教育とは何かという問いを探究している規範主義的教育哲学は、今日、「よい」社会とは何かという問いを探究している現代政治理論と呼ばれる領域の理論に依拠した理論展開をしているが、[8] 私の考えでは、この現代政治理論それ自体が、この問いに答える方途を見失ってしまっている。つまり現代政治哲学の諸理論もまた、次節で詳論するように、どのような社会が「よい」「正義に適っている」といいうるか、という問いを探究する過程において、相対主義の論理に搦めとられるか、そうでなければ、何らかの理想・当為の絶対化へと後退してしまう傾向にあるのである。

しかし私は、こうした現代政治哲学の諸理論や、これを援用した規範主義的教育哲学の諸理論が抱え込んだアポリアは、右に明らかにした欲望論的アプローチによって原理的に解消することができるといいたいと思う。そこで以下、まずはこの欲望論的アプローチを、教育構想に止まらず社会構想のための最も根本的な考え方として提示し直しておくことにしたい。

どのような社会を「よい」といいうるか、という問いもまた、原理的にいって欲望・関心相関的な問いである。それゆえ私たちは、社会構想においても、「私たちはどのような社会を欲するか」という、欲望の次元における共通了解を見出そうと探究を深めるほかに、方法を持たないはずである。

そしてまた、教育の構想は、社会の構想を土台として考えるほかないものである。前章では、「教育固有の価値」を探究した戦後教育学が、結局は教育をどう構想していけばよいかという問いに答えることができなくなってしまった、ということについて述べたが、それは、私たちはどのような社会を構想するべきか、という問いを土台とするのでなければ、そのような社会における公教育をどのように構想していくことができるかという問いには、答えることができないからであった。「どのような教育を欲するか」という問いを考えるにあたって、私たちは、「どのような社会を欲するか」という問いをまず土台としなければならないのである。

三　社会・教育構想のための欲望論的アプローチ

そこで以下、欲望論的アプローチを、社会・教育構想のための最も根本的な方法として論じ直しておくことにしたい。「私たちはどのような社会・教育を欲するか」。この問いを、私たちはより具体的にはどのように探究していくことができるだろうか。

（一）人間的欲望の本質探究

結論からいえば、それは最も根本的には、私たちはどのように生きたいと欲し、そしてそれを可能にする社会・教育をどのように構想することができるか、という問いの探究となるだろう。社会が私たちの生の基盤であり、教育もまたその重要な一部である以上、どのような社会・教育を欲するかという問いは、まさに、私たちはどのような生を欲するかという、より根本的な地点から問い直される必要があるからだ。

これは望むなら、私たちはどのような生を欲するか、その人間的欲望の本質の解明を思考の出発点にする考え方であるといっていい。そしてその上で、各人のこの欲望を最も十全に達成することのできる、社会的・教育的条件を明らかにするアプローチである。

そこで社会・教育構想のための欲望論的アプローチを、改めて、「私たちはどのような生を欲するか、その人間的欲望の本質を解明し、その上で、すべての人のそのような欲望を最も十全に達成しうる社会的・教育的条件を探究する」ものと定式化しておこう。そして繰り返すが、このアプローチこそが、社会・教育構想のための最も根本的な思考の方法である。あらゆる社会・教育観が欲望・関心相関的であり、そして私たちに確かめうる最後の地点がこの欲望・関心までである以上、私たちは、私たちの欲望を超えた、すなわち確かめ不可能な何らかの超越的価値によって、社会規範を決定することはできないからである（次節で述べるように、現代政治哲学の混迷は、多くの場合、こうした確かめ不可能な超越的価値を探究するアプローチをとっていることに起因する）。それゆえ私たちの社会・教育構想は、私たちの欲望はどのような本質を持っており、そしてその欲望を叶えうる社会・教育はどのようなものか、と問うほかに、方法を持たないはずなのである。

（二）本質を見極めることは可能か？

さて、しかし右に述べてきた欲望論的アプローチには、いくつかの疑問や批判が寄せられるかも知れない。そこで以下あらかじめ、これら疑問に答えておくことにしたいと思う。

まず、人間的欲望は無数にあるのだから、その本質など見極めることはできないのではないかという疑問があるかも知れない。

確かに、欲望は人によってそれぞれである。私たちの中には、我欲のままに生きたいと思う者もいれば、できるだけ他者と協調して生きていきたいと思う者もいるだろう。華々しい生活を求める者もいれば、静かな暮らしを求める者もいるだろう。「このように生きたい」というその形態は、確かに人によって様々である。

しかし、それはまさに欲望形態あるいは欲望対象の多様性なのであって、私は、こうした多様な欲望形態に通底する、欲望の本質を見出すことは可能だといいたいと思う。つまり私たちは、私たちが何を求めどのような生を具体的に望むにせよ、そうした多様な欲望の底に、それが欲望である以上、共通に有さざるを得ない、確かめ可能な共通本質を見出すことができるはずなのだ。

すでに序章において、その共通本質を、私はヘーゲルの洞察に見出すことができるとして提示しておいた。すなわち、「人間的欲望の本質は〈自由〉である」というテーゼがそれである。私たちが望むものが、栄光であれ穏やかな生活であれ、裕福になることであれ享楽に耽ることであれ、あるいはただ仕事に打ち込んで生きることであれ、それがどのような形態をとりどのような対象を欲するにせよ、そのように望むということそれ自体が、「生きたいように生きたい」という〈自由〉への欲望を本質としている。ヘーゲルはそういうのである。

この洞察を、私たちは自らに問うという形で確かめることができる。そしてまた、この欲望を最も十全に叶えるためには、私たち自らが〈自由の相互承認〉の理念を理解し、そしてこの理念を根本原理として社会を作っていくほかにない。私はすでに序章でそう述べておいたが、その詳細については次章で論じることにしたい。ともあれここでは、人間的欲望がどれだけ多様な形態をとり多様な対象へと向かうにせよ、欲望それ自体の本質を洞察することは可能であると主張しておきたいと思う。

(三) 本質論は真理主義か?

続いて、人間的欲望の本質というい方に対して向けられるであろう、疑念と反発にも応えておくことにしたい。

前章で相対主義について論じた時にも触れたが、現代の、特に哲学や教育学の領域において、「人間とはこのような存在である」という本質論は、もはやほとんど説得力を失っている。人間本質論は、今日ことごとく相対化されたのである。にもかかわらず、今再び人間的欲望の本質を探究せよなどということは、時代錯誤の感を免れない。そのような批判が、きっとなされることだろう。

しかしここでいう「本質」とは、絶対的な真理という意味ではまったくない。できるだけ広範かつ深い共通了解の得られる、いわば洞察のことである。「なるほど、確かに私たちの欲望にはこのような本質がある」といいうる、そのような洞察のことである。そしてこの洞察は、繰り返し述べてきたように、各人が自らに問うという仕方で確かめられるし、またそうでなければならない。したがってここには、何らかの人間本質論を絶対化しようなどという意図はない。この本質論は常にそれぞれの確かめ合いに開かれており、そしてその確かめの過程において、提示された本質がおかしいと思われれば、そのことを論証した上で、より深い本質洞察を提示すればいい。そして今一度いうが、人間的欲望は、私たちが自らに問うという仕方で確かめることができる最後の「底板」である。したがって私たちは、この地点までであれば確かめることができるのであって、それゆえこの本質論を、ある人間像の「絶対化」というにはおよばないのである。

(四) 欲望論は利己主義か?

最後に、人間的欲望の本質を十全に達成しうる社会・教育のあり方の構想など、結局は自分本位な社会や教育の是認に過ぎないのではないか、という反論もあるかも知れない。

しかし先述したように、ここでいう「欲望」とは、決して利己的な我欲のみを意味しているわけではない。私たちの欲望は、他者との相互理解への欲望や、他者とのよりよい関係への欲望という形態をとることもある。むしろそのような欲望へと開かれないことの方が、まれなことだとさえいっていい。つまり私たちは、人間的欲望を、そもそも利己的な我欲であり、そしていつまでもそうあり続けるものである、などと考える必要はないし、また考えるべきではないのである。

後に詳論するヘーゲルの欲望論が秀逸なのは、たとえ初発の欲望形態が利己的なものであったとしても、そのことのゆえにかえって自らの〈自由〉への欲望が妨げられることになったとしたら――たとえば他者から非難されるとか親しい友人に愛想を尽かされるなど――私たちは自らの欲望のあり方を展開する可能性に開かれる、ということを強調した点にある。つまり私たちは、たいていの場合、私たちの欲望のあり方を素朴な利己的我欲のままにしておくことはできず、他者とのよりよい関係の欲望へと、自らを展開していくことになるのである。

要するに、欲望論的アプローチのいう「欲望」とは、剝き出しの我欲それ自体を意味するのではなく、たとえば他者へと開かれたいとする欲望や、人のために尽力したいという欲望もまた、本質的に含むものなのである。それゆえ、このアプローチが自分本位な社会・教育を是認するものであるという批判は当たらない。人間的欲望とは、決して利己的な我欲のみに止まり続けるものではなく、むしろ、他者とのよりよい関係への欲望へと、自らを展開していく可能性を本質的に有しているものなのである。

以上、社会・教育構想のための最も根本的な方法として、現象学的な欲望論的アプローチを提示した。繰り返しいっておくなら、社会や教育をどう構想していけばよいかを考える際、その最も根本的な方法は、「私たちはどのような生を欲するか、その人間的欲望の本質を解明し、その上で、すべての人のそのような欲望を最も十全に達成しうる社会的・教育的条件を探究する」ということのほかにない。

そこで次節では、このアプローチが最も原理的であるという私の主張を論証するために、これを現代政治哲学の諸理論と比較検討してみることにしよう。先にも述べたように、現代政治哲学は、「よい」「正義に適った」社会とは何かという問いをめぐって、今日深い混迷の中にある。そしてそのことが、「よい」「正義に適った」教育とは何かという問いに、規範主義的教育哲学が今なお力強く答えることができずにいる一因ともなっている。

この問題を、私たちは、右に述べてきた欲望論的アプローチによって解くことができるはずである。

次節で私は、このことを論証したいと思う。

2　欲望論的アプローチとその優位

一　正義をめぐる混迷

どのような社会が「正義」に適っているか、つまり「よい」といえるか。

この問いを深く探究し、その後の正義論に絶大な影響を与えたのは、一九七一年に『正義論』を出版したアメリカの政治哲学者、ジョン・ロールズである。ロールズ以来、政治哲学の領域では、正義とは何かという古典的テーマをめぐる議論が、それまで以上に激しく巻き起こることになった。

今日の教育学――規範主義的教育哲学――が、この現代政治哲学の諸理論を教育（学）に援用しているということについては何度か述べてきた。そしてまた、この正義をめぐる議論が、実は深い共通了解の得られる回答が得られたどころか今日ますます混迷を深めており、それゆえ教育学もまた、「よい」「正当な」教育とは何かという問いに、答えることができなくなってしまっているということについても、これまで何度か述べてきた。

そこで私としては、現代教育哲学が範としている現代政治哲学それ自体のアポリアもまた、本書にかかわりのある部分については、原理的に解消しておく必要があるのではないかと思う。そしてそれは、前節で論じた現象学の方法によって可能になるはずである。

現代政治哲学の混迷を象徴する論争には、いわゆるリベラル－コミュニタリアン論争と呼ばれるものがある。ロールズを中心とするリベラリズムの立場に対して、コミュニタリアニズム（共同体主義）と呼ばれる立場の人たちが批判を繰り広げ、今ではやや下火になった感もあるが、数十年にわたって続いてきたものである。[9] あるいはリバタリアニズム（自由至上主義）とか功利主義とか呼ばれる様々な立場の論者も多くおり、「正義」をめぐっては今なお激しい論争が繰り広げられている。

それだけではない。こうした各立場は、論争過程でそれぞれの理論をそれぞれに修正したり補完したりする中でまたいくつかの立場に分かれ、理論的にも細分化されていくことになった。現代政治哲学はこうして、今やきわめて複雑な様相を呈するようになったのである。[10]

私の考えでは、こうした混迷の最大の理由は、各理論が依拠している方法論（アプローチ）それ自体の対立あるいは齟齬、さらにいえば、それぞれのアプローチにおけるそもそもの不徹底にある。そこで本節では、現代政治哲学の諸理論における代表的なアプローチを検討し、その原理的問題を明らかにしたいと思う。そしてその上で、これら諸アプローチに対する欲望論的アプローチの優位性を論証し、正義論のパラダイムを、欲望論のパラダイムへと転換する必要について論じたい。

まず、現代政治哲学を代表する諸アプローチを、以下の三つ、すなわち、「道徳・義務論的アプローチ」、「状態・事実論的アプローチ」、そして「プラグマティックなアプローチ」として類型化することにしよう。

もっとも、今ではかなり細分化した政治哲学の諸理論の中には、右の三類型には収まり切らないものもあるだろう。自覚的にも無自覚的にも、三つのアプローチを複合的に採用した理論もあるだろう。あるいは私の類型化は、それぞれの理論をあまりに歪曲してしまっているとの批判もあるかも知れない。

そうした批判については、随時検討し必要とあれば以下の議論も修正していきたいと思う。しかし、以下の論述に対する原理的かつ建設的な批判は、私の類型化の（致命的な）誤りを指摘、あるいはこの類型に収まらない理論の存在を指摘した上で、そうした私の目配りの届かなかった理論の方が、欲望論的アプローチに対して原理的に優位であることを論証することにあるだろうと思う。この点を明記することで、以下の考察を広く検証に開くことにしたい。

二　道徳・義務論的アプローチ

最初に取り上げるのは、「道徳・義務論的アプローチ」である。先述したロールズを筆頭に、これは現代政治哲学における最も典型的なアプローチであるといっていい。どのような社会が最も「道徳的」であり、そのような社会において私たちにはどのような「義務」があるか、と問うのが、この道徳・義務論的アプローチの思考法である。

たとえばロールズは次のようにいう。同じ才能を持った子どもがいたとして、しかし生まれの差があるために社会的成功に著しい差が出てしまったとすれば、それは道徳的にいっておかしいことである、と。[11]「分配上の取り分は生来のめぐり合わせの結果いかんが決めるのであり、その結果は道徳の見地からすれば独断・専横的で根拠がない」[12]。要するにロールズは、生まれの差による不公平は、道徳的にいって正しいと認めることはできないと主張するのである。

よく知られているように、ロールズはこうした「道徳的な独断性」を取り除くために、「無知のヴェール」に覆われた「原初状態」というものを仮定する。つまり、道徳的に独断的ではない「正義」を決定するために、その決定当事者が、自分の社会的地位や生来の資産、才能、運、知力、体力、性格、さらに、当該社会の経済的状況や政治的状況、文明レベルまで、一切を知らないものと仮定しようというわけだ。そうした「無知のヴェール」に覆われた「原初状態」において合意されたものであれば、それを「正義」と呼んでいいはずだ、つまり私たちは、道徳的に独断的ではない状態を仮定し、そこから、どのような社会が「正義」に適っているかを導き出すことができるはずである。ロールズはそう主張するのである。

こうして導出された正義の二原理を、ロールズは最終的に次のように描き出す。

（a）各人は、平等な基本的諸自由からなる十分適切な枠組への同一の侵すことのできない請求権をもっており、しかも、その枠組は、諸自由からなる全員にとって同一の体系と両立するものである。

（b）社会的・経済的不平等は、次の二つの条件を充たさなければならない。第一に、社会的・経済的不平等が、機会の公正な平等という条件のもとで全員に開かれた職務と地位に伴うものであるということ。第二に、社会的・経済的不平等が、社会のなかで最も不利な状況にある構成員にとって最大の利益になるということ（格差原理）。[13]

第一原理は、すべての人の基本的自由の保障であり、第二原理は、社会的・経済的不平等が許されるのは機会の公正な条件のもとの結果であり、また、この不平等が不利な立場の人にとって利益になる場合のみである、とするものである。

ロールズの正義論の内実については、ここではこれ以上論じないでおくことにする。むしろ私がここで問題にしたいのは、ロールズのそもそものアプローチ（考え方）についてである。

ロールズが「原初状態」という舞台装置を提案するその根本動機は、生まれの差や持って生まれた才能など、「生来のめぐり合わせ」による不平等という、道徳的にいっておかしい事態を回避することにある。

しかし私たちはほんとうに、「生来のめぐり合わせ」の違いによって社会的成功に差が出ることを、そもそも道徳的におかしいことだといえるだろうか。

これをおかしいと思う人は多いだろう。しかし同時に、おかしいとは思わない人もまた、多いはずである。

たとえばリバタリアンの代表的論客であるロバート・ノージックは、ロールズとはまったく反対のことをいって彼を批判している。いわく、生まれの差もいわばもって生まれた権利であって、これを社会が平準化しようとすることの方が道徳的におかしいことである。[14]

ここに私たちは、まったく異なる二つの道徳・義務論をみるのである。私たちはいったい、どちらがほんとうに道徳的であるといえるのだろうか。生まれの差はできるだけ平準化するべきか、それとも、生まれもまた個々人生来の権利と捉えるべきか。

結論からいえば、生まれの差の平準化は道徳的に正しいかまちがっているか、どちらが正解か、という問いは、決して答えの出ない問いである。その理由はひと言でいえる。何が道徳的か、何が義務か、という問題は、常に欲望・関心相関的であるからだ。

たとえば不遇な境遇に生まれたことで苦労した人は、もっと境遇に恵まれていれば人生も変わっていたはずなのに、という満たされなかった欲望から、ロールズを支持するかも知れない。あるいは逆に、不遇な境遇をはね除《の》け立志伝中の人になった人であれば、生まれの差など自ら克服するものであるとして、ノージックを支持するかも知れない。いずれも各人の欲望に相関的な道徳・義務論なのであって、どちらが正しいかを決定することは不可能である。

したがって私たちは、何が道徳的に正しいかという問いを立てる限り、決して答えの出ない信念対立に陥るのである。にもかかわらず、このアプローチは、自覚的にも無自覚的にも、これこそが道徳的に正しいことである、ということを——たとえ一見そうは見えないように記述されているとしても——一義的に決定しようと試みてきた。第一章で、理想・当為主義と相対主義の双方を克服しようとした規範主義は、知らず知らずのうちに理想・当為主義へと退行する傾向にある、と指摘したが、まさにロールズやノージックらは、「これこそが道徳的に正しい」という理想・当為への欲求を——再び、たとえ一見そうは見えないように記述されているとしても——そのアプローチの中に潜ませているのである。そしてこのアプローチは、今も現代政治理論における一つの大きな潮流であるといっていい。[15]

ちなみに、ロールズとノージックの対立に顕著な問いの立て方を、私は「問い方のマジック」と呼んでいる。あちらとこちら、どちらが正しいか、と問われると、人は思わず、どちらかが正しいのではないかと思ってしまう。しかしそれはまさにマジックなのであって、こうした二項対立的問い、特に価値をめぐる二項対立的問いは、ほとんどの場合、問いの立て方それ自体が間違っているのである。現象学的思考を経た今やいうまでもなく、どちらが絶対に正しいか、という問いに、絶対的な決着はつかないからである。

したがって私たちがなすべきは、どちらの価値観が正しいかに決着をつけようとすることではなく、自らの価値観が確信として成立した条件を、より具体的にいえば、その底にある欲望を、互いに問い合うことである。その過程で、私たちは相互に了解し合うことのできる、互いにとってより本質的な欲望を見出せるかも知れない。いや、繰り返し述べてきたように、私たちはその本質を見出せるはずなのである。

こうして、社会構想における道徳・義務論的アプローチのパラダイムは、欲望論のパラダイムへと転換される必要がある。道徳・義務論的アプローチは、決して決着のつかない信念対立に陥ってしまうからである。

三　状態・事実論的アプローチ

続いて「状態・事実論的アプローチ」について論じよう。

ロールズのリベラリズムをいち早く批判し、いわゆるコミュニタリアン（共同体主義）の代表的思想家として名を知らしめたのが、マイケル・サンデルである（もっともサンデル自身は、コミュニタリアンではなく共和主義者を自任している。コミュニタリアンを自称する人はそう多くないので注意が必要である）。

サンデルのロールズ批判は、おおよそ次のようである。

ロールズのリベラリズムは、（彼が考えるところの）道徳的独断性を排除するため、諸個人を自由で平等な、独立した個人として（あるべきだと）考えた。しかし事実的にいって、そうした「負荷なき自己」などあり得ない。われわれは必ず、家族、人種、国家、その他もろもろ、何らかのコミュニティに属し、その文化的背景や価値に埋め込まれた存在である。サンデルからすれば、こうした文化的背景（状態・事実）を無視したロールズの理論構成には無理がある。

そこでサンデルが重視するのが、「共通善」の政治である。われわれが何らかの文化的価値に埋め込まれている以上、ここから完全に独立した正義の原理を提示することは不可能である。代わりにわれわれが提起すべきは、それぞれの文化的背景の内側から、共通善を見出すという方法である。サンデルはいう。

共通善の党が正しいとすれば、われわれの最も緊急を要する、道徳的・政治的企《プロジェクト》ては、われわれの伝統に内在するものの、今日では消滅しつつある公民的共和制の可能性を再活性化することである。[16]

やはり一般にはコミュニタリアンと目されているチャールズ・テイラーもまた、人間は独立した個人ではあり得ないことを強調している。[17] ロールズをはじめとするリベラリズムの描く人格は、自らの生き方を自己決定する存在とされるが、現実にはそのようなことはあり得ない。そうテイラーは主張する。

そこからテイラーは、政治理論において重要なことは、リベラリズムがいうように中立的価値を見出そうとすることではなく、いかにして「共通価値」を涵養していくかを探究することである、と論ずることになる。[18]

サンデルもテイラーも、細かな相違点はあるにしても、その思想の基本的構えは、われわれはそもそも文化的状況に埋め込まれた存在である、すなわち、ある事実的な状態に埋め込まれた存在である、というものである。われわれはそもそも文化的状況に埋め込まれた存在である、したがって、それぞれの文化における「共通価値」「共通善」を基礎にした正義を提示し、これを涵養しなければならない。サンデルもテイラーも、このようにある状態・事実を前提とした上で、そこから当為（〜すべし）を導き出すわけである。[19]

しかしこのアプローチは、二つの点において原理的な問題を抱えている。

一つは、何をもって「状態・事実」とするかは、決して一義的に決めることができないという問題である。観点が変われば、事実認識もまた変わる。それはやはり、常に欲望・関心相関的なのである。

サンデルやテイラーがいうように、われわれは事実的に何らかの共同体に埋め込まれた存在である、ということは確かに可能である。しかし観点を変えれば、われわれは事実的に狭い共同体を超え出た地球市民である、ということもまた可能である。とすれば、共同体の「共通善」ではなく、超共同体的な普遍的「正義」の理念を打ち出すべきである、という論理も成立することになる。

要するに、「これこそが絶対的な状態・事実である」と主張することは、決してできないのである。したがって、何らかの「事実」——と見なされたもの——を前提し、それを根拠に「当為」を導出することは、厳に慎まなければならない。「状態・事実」は、社会構想を考える際に考慮しなければならない一つの重要な条件ではある。しかしそれは、思考の最も初発の出発点にはなり得ないのである。

もう一つの問題は、より一層深刻である。

ヴェーバーが事実から当為を導くことを禁じ手としたことについては第一章でも触れたが、それは今なお十分自覚しておかなければならない洞察である。事実（と見なされるもの）から当為を直接導くことは、きわめて危険な事態を招きかねないからである。

たとえば次のような例が顕著だろう。

凶悪犯罪者の脳にはある共通性がある、したがって、犯罪者脳の子どもは若いうちから隔離あるいは矯正教育を施されるべきである。○○民族は劣等民族である、したがって、殲滅《せんめつ》されるべきである。障害者は劣等種である、したがって、断種されるべきである。……事実（と見なされること）から当為（規範）を単純に導出した悲劇的な例は、枚挙に暇がない。

『児童の世紀』を書いたスウェーデンの思想家エレン・ケイもまた、法律の基礎は「自然科学」にあるべきだと述べた上で次のようにいっている。

まず第一に、犯罪的タイプ——その特性を認定することのできるのは科学者だけである——の遺伝を妨げ、その特性が一切子孫に継承されないように処理することが必要である。〔中略〕第二番目に出てくる要求は、肉体または精神の遺伝疾患に罹っている者が、これをさらに遺伝として子孫に残さないことである。[20]

エレン・ケイは、自らの思想の根幹に「適者生存」の進化論を置くとはっきりと宣言し、これを根拠に、「肉体的または精神的に欠陥があったり、堕落したりした男性は、決して自分の子の父親にしない」[21]ことを、女性の義務とせよと説く。そしていう。「これは彼女たちが後から、病弱で肉体的欠陥があり世間から相手にされないような子どもを産んではならないという意味である」。[22]

しかし、科学的に正しい（と見なされる）事実から当為を導出するこのような考え方は、きわめて危険な思想というほかはない。理由は簡明である。科学的な事実（と見なされること）を絶対規範とするこの思想は、当事者の欲望をほとんど、あるいは全く考慮に入れることがないからである。「犯罪者脳」とラベルを貼られた子どもたちは、彼／彼女やその親が望まなくとも、隔離あるいは矯正教育を施されるべきとされる。そしてまた、「犯罪的タイプ」と科学的に認定された者は、いっさい子孫を作れないよう「処理」されるべきとされるのである。

もちろん、サンデルもテイラーもここまでナイーヴな議論をしているわけではない。しかし、人間はそもそもある共通価値に埋め込まれたものである、したがって、この共通価値を涵養すべきである、という論理は、共通価値から脱け出したいという欲望を持つ人たちを抑圧しかねない危険性をもっている。[23]

何らかの状態・事実認識は、常に欲望・関心相関的である。それゆえある一つの状態・事実論を前提して規範を導出することは、恣意的であると同時に、時として危険ですらある。それゆえ私たちは、当事者の欲望を思考の始発点としないことで生じる状態・事実論的アプローチの問題を克服するために、このパラダイムを欲望論のパラダイムへと転換する必要がある。

四　プラグマティックなアプローチ

最後に、「プラグマティックなアプローチ」とその問題について論じよう。

現代プラグマティズムの代表的論者は、リチャード・ローティである。彼はまず次のようにいう。何が絶対的な正義か、とか、何が絶対的な人間像か、といった問いをやめよ、プラグマティズムの観点からすれば、こうした真理論など「ないほうがうまくいく」のだと。ローティは、道徳・義務論的アプローチの問題も、状態・事実論的アプローチの問題も、十分自覚しているのだといっていい。

プラグマティズムの見方からすれば、探究とは、個々の問題に基準を適用することではなく、むしろ、信念の網目を絶えず編み直すことである。他の信念が変化するように、基準も変化する。ある基準をあらゆる改訂から守ることのできるような試金石が、存在するわけではない。[24]

それゆえローティの方法は、ひと言でいえば、その都度その都度、どうすれば「うまくいく」かを考える、というものになる。

リベラリズムの修正を強く主張し続けているマイケル・ウォルツァーも、ローティとはずいぶん毛色の違う思想家ではあるが、そのアプローチに関してはローティとよく似た、プラグマティックなアプローチであるといっていい。ウォルツァーもまた、何が道徳・義務か、あるいは人間とは何か、といった一種の机上論を回避し、現実を見て実践的にその都度リベラリズムに修正を加えていく必要があるといっている。[25]

私の考えでは、このようなプラグマティックなアプローチは、その他のアプローチと比較すればかなり穏当なものであるし、それ以上に、形式的にはきわめて妥当なものだといっていい。形式的には、というのは、これまで述べてきたように、何が絶対的な道徳・義務か、何が絶対的な状態・事実かを一義的に決定することができない以上、確かに、その都度その都度の「よい」は、状況に応じて判断されるほかないからである。

しかしこのアプローチにも、残念ながら問題がある。いみじくもローティ自身「方法を持たないプラグマティズム」といっているように、プラグマティックなアプローチは、この形式の内容、つまりその都度その都度の「よい」をどのように判断していけばよいかという点に関する、具体的な考え方を欠いているからである。

これは、二〇世紀プラグマティズムの代表的哲学者であり、その後の教育学に絶大な影響を及ぼしたジョン・デューイのアプローチの中にも、すでに孕《はら》まれていた問題だった。

よく知られているように、デューイは、それまで多かれ少なかれ何らかの究極目的を掲げてきた教育目的論を批判して、ただ一言、教育の目的とは絶えざる経験の再構成であり、「成長」それ自体にあると主張した。[26]

このこと自体は、きわめて画期的かつ先駆的な主張だったといっていい。何度も述べてきたように、絶対に正しい教育目的や教育的価値などは、決して主張し得ないものであるからだ。だからこそデューイは、教育とはただただ「より以上の成長」を目指すものにほかならない、といったのである。

しかし、では「成長」とはいったい何なのか、どのような場合に、私たちはある経験の再構成を「成長」だと判断することができるのか、という問いに、デューイは答えを明言しなかった。というより、何が「よい」といえるかはその都度その都度の状況に応じて決まる、というに止まるプラグマティズムのアプローチからすれば、これに明快に答えることは困難なことなのである。

デューイは次のようにいっている。

> 人が強盗として、ギャングとして、あるいは腐敗した政治家として有能に成長することもありうる、ということは、疑い得ない。しかし、教育としての成長、成長としての教育の観点からすると、問題はこの方向での成長が、成長一般を促進するか遅らせるかということになる。〔中略〕ただ特殊な径路での発達が連続する成長に貢献しそれを導くとき、まさにそのときにのみ、その特殊な発達は、成長することとしての教育の基準を満たし、それに応えるということだけ言っておこう。[27]

成長とは何か、それは、それが成長一般を促進するかどうかで決まる。このデューイのいい方は、結局のところトートロジー（同語反復）であるというほかない。デューイのプラグマティズムによる限り、では私たちはどのような成長を志向して教育を構想していけばよいのか、という問いに、力強く答えることができなくなってしまうのである。

もっともデューイは、その長い生涯の中で、教育をどのように構想するか、社会をどのように構想するか、きわめて大量かつ具体的なアイデアを論じてきた哲学者である。その中には、今もなお画期的で有効なアイデアがたくさんある。しかし、なぜそのアイデアが「よい」といえるのか、という点になると、デューイのプラグマティズムは十分な説得力を持っているとはいい難い。繰り返すが、プラグマティズムは、その都度その都度の「よい」を判断するための、徹底した考え方を持たないからである。[28]

しかしその一方で、特にマクロな教育構想の場合、私たちは、その都度その都度プラグマティックに教育政策を実施していこうなどと、悠長なことはいっていられないのが現状である。どのような方向へ構想の舵を切るか、教育政策や行政の現場においては、その決断が、何万人何十万人という子どもたちや教師の生活、さらには人生に、大きな影響を及ぼすことになるからだ。したがって私たちはどうしても、どのような教育を「よい」といいうるか、という、指針原理を解明できるようになる必要がある。

繰り返すが、プラグマティックなアプローチは形式的には十分妥当である。しかし、具体的な教育構想の現場において、あるいはミクロな教育実践の現場においても、私たちは、どのような教育を「よい」「正当」といえるのか、どのような成長を志向した教育を「よい」といえるのか、という問いに答えうる指針原理を、どうしても必要とするのである。プラグマティックなアプローチは、残念ながらこの指針原理を力強く打ち出していく方途を持っていない。

五　欲望論的アプローチの優位

以上、現代政治理論の代表的アプローチを取り上げ、その原理的問題点について明らかにした。繰り返すが、現代政治哲学の理論には、上記三つのアプローチ以外にも何らかのアプローチがありうるかも知れない。さらに、右で取り上げた理論家たちを、私はあるいは歪曲して類型化しているとの批判もあるかも知れない。実際、各理論家たちは、いくつかのアプローチを（自覚的にも無自覚的にも）複合的に使用している場合がある（たとえばアマルティア・センは、道徳・義務論的アプローチを基軸に、プラグマティックなアプローチを併用しているように思われる）。[29]そこで本節冒頭でも述べたように、私の類型化があまりにも不適切であると認められれば、今後適宜修正していきたいと思う。しかしまた同時に、以上の考察に対する建設的な批判は、私の類型化の（致命的な）誤りを指摘、あるいはこの類型におさまらない理論の存在を指摘した上で、そうした私の目配りの届かなかった理論が、欲望論的アプローチに対して原理的に優位であることを論証するほかないだろうということを繰り返しておきたい。

以下では、上述した三つのアプローチに対する、欲望論的アプローチの優位について改めて論じておくことにしよう。

欲望論的アプローチは、「われわれはどのような生を欲するか」という欲望論を基軸に、「ではそのような生を最も十全に可能にする社会的・教育的条件は何か」と問うものであった。したがって欲望論的アプローチからすれば、この条件を十全に達成しうる社会・教育を、私たちは「よい」「正当」ということができるということになる。

このアプローチの道徳・義務論的アプローチに対する最大の優位は、これまで繰り返し述べてきたように、私たちはほんとうにそのような欲望をもっているか、という問いが、確かめ可能であるという点にある。

何が道徳・義務か、という問いは、それが欲望・関心相関的であるがゆえに、一義的には決して答えることのできない問題だった。アメリカの女性思想家ネル・ノディングズもまた、こうした問いに一義的な答えを決定しようとする考え方は、男性的に過ぎる「道徳上の思考遊戯」であるといっている[30]が、まさに私たちは、あちらとこちら、どちらが道徳的に絶対に正しいかと問うことなどできないのである。

それに対して、「私たちはほんとうにこのような欲望を持っているか」「ほんとうにこのような社会・教育を欲するか」という問いは、各人が自らに問うという形で、確かめることができる問いである。この検証可能性が常に担保されている点こそが、道徳・義務論的アプローチに対する欲望論的アプローチ最大の優位である。

状態・事実論的アプローチに対する優位も同様である。もはや繰り返す必要はないかも知れないが、何が私たちを取り巻く絶対的な状態・事実かを一義的に決定することはできない。欲望だけが、私たちに確かめられる最後の底板なのである。

大切な点なので再度いっておきたいが、欲望論的アプローチは、決して、絶対的な人間像を探究しようとするものではない。それは常に各人の検証に開かれている。たとえばローティは人間本質論を徹底的に批判した思想家だったが、欲望論的アプローチは、この検証に開かれているという点において、彼が危惧したようなある人間像を絶対化するアプローチ——状態・事実論的アプローチのような——とはまったく異なったものである。

最後に、欲望論的アプローチのプラグマティックなアプローチに対する優位について述べておこう。

それは、プラグマティックなアプローチがその都度の「よい」をどのように判断すればよいか具体的な方策を示すことができなかったのに対して、欲望論的アプローチは、その内実の問い方をはっきりと明示した点にある。プラグマティズムがその都度その都度何が「うまくいく」かを考えるという際、その「うまくいく」の基準をどう判断すればよいか方法を持たなかったのに対して、欲望論的アプローチは、すべての社会・教育論が欲望・関心相関的である以上、私たちは各自の欲望を問い合うことでその確かめ可能な本質を見出し、その上でこの各人の本質的欲望を、どうすれば最も十全に達成することができるかという方向に向けて考えていくことができる、と、その具体的方法を明らかにする。プラグマティックなアプローチに対する欲望論的アプローチ最大の優位は、この具体的な考え方を明らかにした点にこそある。

以上、社会・教育構想のための欲望論的アプローチが、従来の他のアプローチに対して原理的に優位であることを述べてきた。要するに、ここでもまた、「欲望」が確かめ可能な原理であることが重要なのである。道徳・義務論も状態・事実論も、確かめ不可能な道徳・義務や状態・事実を思考の出発点にしてしまっていた。それゆえ、答えの出ない問題をめぐって擬似問題に陥ることになったのである。道徳・義務論にも状態・事実論にも陥ることなく、社会や教育を構想していくための根本的な方法、私たちはそれを、欲望論的アプローチのほかに見出し得ないといってよい。

第三章

どのような教育が「よい」教育か

1　私たちはどのような生を欲するか

一　ヘーゲル哲学の援用

本章では、前章で明らかにした現象学的な欲望論的アプローチに基づいて、ようやく本書のテーマである、教育の本質および「正当性」の原理を解明することにしたい。

私たちはどのような生を欲するか、この人間的欲望の本質を洞察し、その上で、すべての人がこの欲望をできるだけ十全に達成できるような社会や教育の条件（あり方）を探究すること。これが、最も根本的な社会・教育構想のための考え方だった。そこで本節では、まずこの初発の問い、すなわち人間的欲望の本質について探究することにしよう。

人間的欲望の本質は何か。その最も説得的な答えは、一八～一九世紀ドイツの哲学者ヘーゲルにある。これまでしばしば述べてきたように、ここで私は改めてそういいたいと思う。

しかし序章でも述べたように、いわゆるポストモダン思想の隆盛に伴って、ヘーゲルの哲学は今や完全に過去のものとなった、という認識が、思想哲学の世界では今も根強くある。そこでヘーゲルの哲学（社会原理論）を教育原理論へと援用するに当たって、まずこの点について少し触れておくことにしたい。

（一）ヘーゲル批判

ヘーゲル哲学が今日激しい批判にさらされている理由は、大きくいって二つある。

一つは、ヘーゲル哲学のいわゆる有神論的世界体系である。

よく知られているように、ヘーゲルは歴史を、「絶対精神」から分離しまたこれを分有する「個別性」としての人間精神が、その内的本質を展開させるプロセスとして描いている。要するに、人間には神の精神が宿っていて、その精神を歴史を通して実現していくのだ、とヘーゲルは考えたわけである。

これはまさに、「絶対」を掲げる悪しき形而上学（絶対の世界を問う学）である。ポストモダンの思想家たちは、そういって徹底的にヘーゲルを批判してきた。われわれには神の精神が宿っているだとか、これを歴史を通して実現していくだとか、そんな形而上学や歴史決定論は、到底受け入れることができない。ヘーゲルはそのように、今なお激しく批判されている。

ヘーゲルが過去のものとなったといわれるもう一つの理由は、彼が「国家主義者」で、プロイセンの御用学者であったという批判にある。ヘーゲルは、君主権をきわめて強大なものとして描き出し、国家を個人の自由より上位のものとして論じた哲学者である、という批判は、今もなお一般的なものだといっていい。

（二）ヘーゲル再評価の気運

以上二つの批判は、長い間ヘーゲル批判の中心にあるものだった。

しかし近年、こうした批判を覆すような研究が数多く発表されていることも、強調しておきたいと思う。特に後者、つまりヘーゲルを国家主義者とする解釈は、ヘーゲル研究者の間で長年にわたって激しい論争を生んでいるテーマでもある。

実際ヘーゲルは、この後みるように、何よりも個人の〈自由〉を基礎に社会を考え続けた哲学者であったはずである。それがある時突然「国家主義者」の色を帯び始めるのは、よくいわれるように、一八一九年、プロイセンがいわゆるカールスバートの決議を出して、自由主義の抑圧に乗り出してからのことである。この反革命の流れの中で、ヘーゲルの同僚や弟子たちも逮捕されている。この辺りの事情については、福吉勝男『自由と権利の哲学——ヘーゲル「法・権利の哲学講義」の展開』(世界思想社、二〇〇二年)に詳しいが、私も福吉氏にならって、ヘーゲルの立場変更は、時代状況を勘案しての「やむにやまれぬ方策」であったという解釈を支持したいと思う。

前者の批判、つまり、ヘーゲルはおどろおどろしい形而上学体系の体系者であるという批判についても、確かにそのような側面があることは否めないものの、それはあくまで時代が時代であるがゆえの「飾り」であって、ヘーゲル哲学の本質はそこにはない、とする研究者が多くいる。たとえば岡本裕一朗氏は、「壮大な哲学体系者」としてのヘーゲルというイメージは彼の弟子たちによって作り上げられたものであり、ヘーゲルの(特に『論理学』に見られるような)「体系」を、「『神の叙述である』とか『絶対者の定義である』と積極的に語るのは、止めた方がいい」[1]といっている。

実際この数年、日本や欧米を問わず、静かなヘーゲル・ルネッサンスが起こっているように見える。[2]先の二つの批判をかなり和らげることができれば、ヘーゲルの哲学に、これまで見過ごされてきたきわめて優れた洞察の数々を再発見することができるし、そしてそれは、現代社会の諸問題を、もう一度深く考え直すための原理的な視座になる。近年、多くの学者が、そのように考え再びヘーゲルに注目し始めているように思われる。たとえばドイツにおけるヘーゲル再評価の代表的論者の一人であるアクセル・ホネットは、前章でざっと概観した現代政治哲学の議論の中にほとんどヘーゲルが参照されていないことを異とし、ヘーゲルの政治哲学の再評価を訴えている。[3] 英語圏においても、まさに英語圏を中心に繰り広げられてきたリベラル－コミュニタリアン論争を始め、現代政治哲学の諸問題を解く視座として、ヘーゲルの哲学に少しずつ注目が集まっている。[4]

私もまた、本章において、ヘーゲルの哲学を以下で論じるような形で現代政治哲学あるいは現代教育学に援用すれば、これまでに論じてきたようなアポリアは十分明快に解き明かすことができる、ということを論じたいと思う。その際、私がまず最も着目したい洞察こそが、人間的欲望の本質は何かという、欲望論的アプローチ初発の問いに対するヘーゲルの答えである。

ヘーゲルは、まさにこの人間的欲望の本質論から社会の構想原理を導出した哲学者であった。

二　人間的欲望の本質は〈自由〉である

結論から先にいえば、その答えは、序章でも述べた「人間的欲望の本質は〈自由〉である」となる。

もっともヘーゲルのいい方は、先に述べたようにかなり形而上学的な「物語」になっている。「精神の本質は自由である」がヘーゲル哲学の根本テーゼだが、ここでいう精神とは、ヘーゲルにおいては、先に触れたように絶対精神＝神の精神という側面をもっている。神はその本性上、〈自由〉なのである。しかしヘーゲルは、人間もまたこの精神を分有しているという。それはまだ現実のものとなってはいないが、歴史を通じて実現されていくのだと。つまり人間は、〈自由〉をめがけ、これを徐々に現実化していく存在だとされるのである。

現代の私たちは、このヘーゲルの「物語」をもはやまともに受け取る必要はない。しかしここには、きわめて見事な洞察もまた展開されている。人間はどうしても〈自由〉をめがけ、これを徐々に現実化していきたいと欲する、という、人間的欲望についての洞察である。

この、人間はどうしても自由を欲する、というヘーゲルの洞察に着目し、ヘーゲルが精神の本質といったところのものを人間的欲望の本質論として強調したのは、著名なヘーゲル学者アレクサンドル・コジェーヴである。そして私も、欲望論的アプローチの観点からこの解釈を踏襲することにしたいと思う。ヘーゲルから継承すべき第一の洞察は、コジェーヴが見事に取り出してみせたように、人間はどうしても〈自由〉をめがけてしまうという、人間的欲望の本質論である。

しかしそもそも〈自由〉とはいったい何か。そして私たちは、人間的欲望の本質はほんとうに〈自由〉であるなどといえるのか。

以下、ヘーゲルによる人間的欲望の本質論を追ってみることにしよう。

(一)〈自由〉とは何か

自由とは何か。このテーマほど、哲学史上激しい論争の的となり続けているものは、ほかにないといってもいいかも知れない。現代自由論の旗手アイザイア・バーリンは、自由という言葉の意味は「きわめて多義的であるから、異論にたえうるような解釈はほとんどない」[5]とさえいっている。

しかし私はあえて、最も説得的な自由論はヘーゲルにある、といいたいと思う。[6]以下、『法の哲学』緒論で展開されるヘーゲルの〈自由〉論を、『精神現象学』の論述も踏まえて――そして先に触れたコジェーヴによる欲望論的解釈も踏まえて――私なりに噛み砕いて論じてみよう。

ヘーゲルはまず次のようにいっている。自由とは多くの場合、やりたいことがなんでもできること、つまり、いわば「わがまま」が叶うことと解される。しかしこれは、〈自由〉の浅薄な表象(イメージ)に過ぎないものである、と。

世間ではよく、およそ自由とはなんでもやりたいことをやることができるということだと言われている。だが、そのような表象はまったく思想の形成ないし教養を欠いているものとしか解されえない。(『法の哲学』§15)[7]

なぜか。ヘーゲルはいう。確かに、私たちにとって〈自由〉は、まずは「いっさいを度外視する絶対的な抽象ないし絶対的な普遍性という、無制限な無限性」(『法の哲学』§5)として現れる。つまり私たちは、自らの〈自由〉を、まずは何ものにも規定されていないと自らを主張することで実現しようと欲するものである。

しかし私たちはこの様態にとどまる限り、自分は何ものにも規定されていないとただ自分で主張しているだけで何ら現実性を持たない。そうヘーゲルは主張する。なぜなら私たちは、私たちが欲望を持っているというそのことのゆえに、実はこの欲望それ自体によって規定されている（制限されている）存在であるからだ（§11）。このことに気づかず自分は何ものにも規定されていないなどということは、実は空虚な〈自由〉の主張に過ぎないのである。

それはつまり、こういうことである。私たちには、必ず複数の欲望がある。空腹を満たしたいとか渇きを癒したいとかいった生物的欲求だけでなく、裕福になりたい、美しくなりたい、愛されたい、認められたい、といった、まさに人間的な欲望がある。しかしそのことのゆえに、私たちはたえず何らかの制限を感じずにはいられない。裕福になりたいのに、なれない、美しくなりたいのに、なれない、愛されたいのに、愛されない、認められたいのに、認められない……。私たちが何らかの制限を感じるのは、まさに私たちが欲望を持つ存在であるからなのだ。もし私たちが欲望を持つことがなければ、私たちは何らの制限も感じることはなかっただろう。

さらにいえば、私たちの欲望は必ず複数あるものである。したがって、「それらの衝動や傾向はたがいにさまたげ合い、そのどれか一つのものの充足は他のものの充足を下位におくこと、ないしは犠牲にすることを必要とする」（§17）。裕福になりたい、でも努力したくない、美しくなりたい、でも自制はしたくない、多くの人に愛されたい、でも自分を曲げたくない……。私たちはこのように、常に欲望の複数性に規定されている。まさに私たちは、欲望（の複数性）それ自体によって、制限された存在なのである。

それゆえ私たちは、「なんでもやりたいことができる」――わがままが叶う――などということ、すなわち「恣意」を、〈自由〉の本質として捉えてはならないとヘーゲルはいう。それは私たち自らが欲望の複数性に制限されているがゆえに結局は「矛盾」に陥るのであり、たとえたまたま一切を「ほしいまま」にできたとしても、それは一時的な「偶然」に過ぎないからである（§17）。

つまり私たちは、「わがまま」に振る舞ったところで結局は早晩挫折せざるを得ないのだ。むしろ「わがまま」は、自制を失ったり他者から疎まれたりすることで、やがてはかえって自らを苦しめることになる。「まさしく恣意のうちにこそ、彼は自由でないということが存するのである」（§17）。

では〈自由〉の本質とはいったい何か。ヘーゲルはいう。「自我はまた、区別なき無規定性から区別立てへの移行であり、規定することへの、そして、ある規定されたあり方を内容と対象として定立することへの移行である」（§6）。

要するに私たちは、自らが絶対的な無限性を求めるということを知りつつも、なお、自らが諸欲望によって規定されているということを十分に自覚しているところに、初めて〈自由〉の可能性を手にすることができるようになる、そうヘーゲルはいうのである。すなわち、自らが自らの諸欲望に規定されているということを十分自覚した上で、それでもなお、自らの意志を持って自己決定し（§12）自己選択しうる（§14）というところに、私たちは初めて〈自由〉の本質を手にすることができるようになる。つまりここにおいて、私たちは〈自由〉の現実化を達成するのである（§22）。

これをヘーゲルの言葉を使って、「諸規定性における選択・決定可能性の感度」といっておこう。これが〈自由〉の本質である。私たちは、そもそも自らの諸欲望それ自体に規定されている。しかしだからこそ、これを十分自覚し、そしてその上で、これを自らの意志によって乗り越えられた時、私たちは〈自由〉を実感することができるのである。〈自由〉の本質はここに存する。

以上をできるだけ簡単に嚙み砕いて、次のようにいってみよう。すなわち〈自由〉とは、私たちを制限している自らの諸欲望を十分自覚し、その上で、できるだけ納得して、さらにできるなら満足して、「生きたいように生きられている」という実感を得ることにある、と。ヘーゲル〈自由〉論の意義を洞察していたに違いないハンナ・アーレントもまた、「自由は欲すると為しうるとが一致する場合に初めて生まれるのである」[8]といっているが、まさに〈自由〉とは、私たちを規定している「我欲する」を、「我為しうる」へと転換させうるところに存するのである。

さて、以上見てきたヘーゲルの〈自由〉論が秀逸である理由は、大きくいって二つある。一つは、先述したように、単なる「わがまま」が〈自由〉ではないということを明言した点にある。単なる「わがまま」は、他者関係を破壊したり、自制を失い自己を破壊するなど、結果的にはかえって自らを苦しめることになる。その意味で「わがまま」は、ヘーゲルがいうように〈自由〉からは最も遠いものであるといっていい。

もう一つは、私たちは絶対的に〈自由〉たりうるか、という、従来の〈自由〉論の問いの立て方を無効化した点にある。

私たちは、生まれまた死ぬことを運命づけられている。つまり、自然の摂理に従うものとして存在している。とすれば、一切は因果法則の中にあるのであって、私たちは実のところ決して〈自由〉たり得ないのではないか。こうした問いは、洋の東西を問わず大昔から続けられてきた問いである。たとえば古代ローマにおいても、一切は因果法則の中にあるがゆえに人間に自由はない、とする説があったが、それに対して神学者アウグスティヌスが、人間は神の摂理の中においてこそ自由なのだと反《はん》駁《ばく》したりしている。[9]

実はこの問いは、形を変えて今もなお続いているものである。そして多くの場合、現代思想の論客たちは、私たちは決して〈自由〉たり得ない、と主張してきたように思われる。

たとえばポストモダンの代表的思想家とされるボードリヤールは、『消費社会の神話と構造』において、「消費者は自分で自由に望みかつ選んだつもりで他人と異なる行動をするが、この行動が差異化の強制やある種のコードへの服従だとは思ってもいない」[10]と主張した。つまり私たちは、私たち自らの自由な意志で消費行動をしていると思っているが、実はそれは、システムによってそのように選択するよう決定づけられているのだというのである。ブランド物が欲しいと思うのは、そのような欲望を持つように、システムによって操作されているからだというわけだ。

あるいは独自の社会システム理論を体系化したルーマンは、「超越論的に必然視され、事実として意識されもした〈自由〉が、システム自身の生み出す——そして未来の不確かさとしての経験になった——不定性によって置き換えられた」[11]と述べ、私たちに自由な決定などないことを主張した。一切はシステムが決定しているのであり、そこに私たちの自由の余地はない。そうルーマンはいうのである。

先述したように、ヘーゲル〈自由〉論が原理的であるのは、こうした問いの立て方それ自体の無効性を明らかにした点にある。

ヘーゲルの問いは、私たちは絶対に〈自由〉かどうか、という問いではない。そうではなく、私たちが自らを〈自由〉だと実感する時の、その本質は何か、これがヘーゲルの問いなのである。

　これはすぐれて現象学的な問いの立て方であるといっていい。

　そもそも現象学的にいって、私たちは絶対に自由か、それとも神や社会やシステムが一切を決定しているがゆえに絶対に不自由か、どちらが正しいか、という問いは、それが決して分からないことである以上、問いとして成立しない擬似問題である。前にも述べたように、私の一切は遺伝子にそもそも組み込まれたものかも知れないし、脳に組み込まれたものなのかも知れない。私たちはそのようにもいうことができる。しかしそれも、結局のところ絶対には決して分からないことなのである。

　しかしそれでもなお、私たちには、「ああ今自分は自由だ」と感じられる（確信できる）瞬間があるはずだ。たとえば恋が成就した時、満足のいく作品を書き上げた時、就職が決まって親からの独立が叶った時、日々の仕事から解放されて、ビールを飲みながら好きな映画を観ている時、こうした時々に、私たちは多かれ少なかれ、「ああ今自分は自由だ」と感じることがあるはずだ。それが「絶対に自由な状態」かどうかは決して分からない。しかし私たちは、「ああ今自分は自由だ」と感じてしまうことがある。

　ヘーゲルはまさに、この感度としての〈自由〉を、〈自由〉の本質として論じたのである。「絶対に自由な状態」とは何かと問うのではない。私たちが〈自由〉を確信する、その確信成立の条件は何か。これがヘーゲルの問いである。そしていう。私たちは、私たちの欲望それ自体において規定されている（制限されている）。しかしそれでもなお、この諸規定性の内にあって、自らの意志において選択・決定の可能性が開かれていると感じられた時、その時に私たちは、まさに〈自由〉の感度を得ることができるのだ、と。「我欲す」と「我為しうる」の一致の実感、これこそが、私たちが〈自由〉という時のその本質なのである。

(二) 人間は〈自由〉を求めるか？

さて、しかし人間的欲望の本質は、ヘーゲルがいうようにほんとうにこうした〈自由〉を求めることにあるということなどできるのだろうか。「人間的欲望の本質は〈自由〉である」。このヘーゲルのテーゼを、私たちは自らに問うて確かめる必要がある。

次のようにいってみよう。

おそらく誰もが、私たちが複数の欲望を持っているということについては認めるに違いない。そして、この諸欲望のゆえに、私たちが常に規定された(制限された)存在であるということも、私たちはまず認めることができるだろう。とすれば、私たちはこの制限されているということそれ自体のゆえに、この制限から何らかの形で〈自由〉になりたいと欲さざるを得ない。つまり、こうした諸規定性の内において、それでもなお、できるだけ納得し、さらにできるなら満足して、「生きたいように生きたい」、すなわち〈自由〉になりたいと、私たちは欲さざるを得ないはずである。

もう少しいえば、次のようになる。

前章で私は、欲望形態や欲望対象が人によってどれほど多様であったとしても、それが欲望である以上、その共通本質を見出すことは可能であるはずだといったが、それは次のような理由からである。

欲望の対象が、恋する人であれ他人からの賞賛であれ、お金であれ美であれ、静かな生活であれ――私たちは任意にいくらでもこうした欲望を細分化させることが可能だが――私たちがそうした諸対象を求めているということ自体が、私たち自らがこの諸欲望に規定されているということを意味しており、したがって私たちは本質的に、これら諸欲望を達成することで――あるいはこれをなだめたり忘れたりすることによってさえ――何とか〈自由〉になりたいと欲さざるを得ないのである。

認められたいのに、認められない。愛されたいのに、愛されない。その時の私たちの苦悩の本質は、「生きたいように生きたい」という欲望が叶わない〈不自由〉にある。したがって私たちは、人から認められるように、あるいは愛されるように努力することで、あるいは逆にこの欲望を諦《あきら》めようとすることによってさえ、この〈不自由〉から逃れ〈自由〉になりたいと欲さざるを得ない。

欲望を諦めることによる〈自由〉、というのは、たとえば古代ローマ期の哲学者エピクテトスなどに顕著に見られる思想だが、アーレントもいうように、それこそが真の〈自由〉であると主張してきた人々は、「誰もが自由の前提条件であると見なしてきた条件を欠いていた人びとであった」[12]。つまり、特に権力によって抑圧されてきた人々であった。そうした人々は、「我欲す」が「我為しうる」に転換させられないがために、むしろ、「我欲す」それ自体を諦めることで「内的自由」を得ようと試みてきたのである。

こうした諦観による〈自由〉の獲得は、自由を求める人間の、一つの消極的な方策であるといっていいだろう。そしてこのことは、そのようなあり方を選ぶことによってさえ、私たちが〈自由〉を本質的欲望として持っているということの一つの証左であるともいえる。それがどのようなあり方、手段を選ぶのであったにせよ、人間的欲望の本質は〈自由〉なのである。

さて、このヘーゲルの欲望＝自由論は、どこまでも鍛え抜かれたものであるように私には思われる。たとえば、いや、人は〈自由〉よりもなお一層「幸福」を欲するものである、という反論もあるかも知れないが、ヘーゲルの欲望＝自由論は、そうした反論をも包摂するような、きわめて原理的な洞察になっている。

確かに私たちは、幸福を求める存在であるだろう。しかし私たちがどのような時に幸福を感じるか、と問うた時、すなわち幸福の本質を問うた時、そこには〈自由〉というキーワードが必ず浮かび上がってくるはずなのである。つまり幸福の本質契機は、〈自由〉なのである。

何をもって幸福と思うかは人によって違う。裕福になったことを幸福と思う者もいれば、裕福になったことで不幸になったと思う者もいる。美しい人を手に入れたことを幸福と思う者もいれば、美しい人を手に入れたことでかえって不幸になったと思う者もいる。このように幸福の形態は人によって様々だが、その一方、私たちが幸福を感じている時には、必ずその中心に〈自由〉の感度があるはずなのだ。

それはいったいどういうことか。

幸福は、基本的にはある欲望が達成されたときに感じるものである。そうである以上、そこには大きな〈自由〉の感度、つまり、「我欲する」が「我為しうる」へと転換され、「生きたいように生きられている」と感じられた、そうした実感があるはずである。裕福になって幸福なのは、裕福になりたいという私を規定していた欲望が達成され、自由を十全に実感できたからである。美しい人を手に入れた時の幸せは、美しい人を手に入れたいという欲望が達成された、自由の感度である。私たちを規定している欲望を乗り越え達成したという〈自由〉の感度、これが幸福の本質契機なのである。

もっとも、欲望の達成とはまた少し違った幸福のあり方もある。

たとえば、産まれて間もないわが子を胸に抱いた時の幸福がそうだろう。この時の幸せは、親になるとか子を持つとかいう主体的な欲望が達成されたという幸せでもあるかも知れないが、むしろ、自我の欲望それ自体が後景に引き下がっていく、そのような幸せであるといっていいだろう。普段は生活の中心に常にあるはずの自我（の欲望）が、すっと引き下がっていく。そこにあるのは、欲望の主体が自我ではなく子どもへと移譲される幸福だといっていい。

しかしこの幸福の根底にもまた、やはり自由の感度があるはずなのだ。そこには、あらゆる主体的欲望を超越した、つまり欲望対象を必要とするのではない、ただただ満ち足りた自由の感度があるからだ。自我の解放、あるいは超越の自由といってもいい。それは、「生きたいように生きたい」という欲望の達成というよりは、「生きているがままに生きている」とでもいうような、いわば純粋な自由の感度といってもいいかも知れない。[13]

いずれにせよ、何を幸福と感じるのであれ、私たちが幸福を感じたその底には、必ず自由の感度があるはずなのだ。私たちが欲望を持つ存在である以上、その人間的欲望の本質は〈自由〉にある。繰り返し述べてきたように、私たちはこのことを、自らに問うという仕方で確かめることができるはずである。

三　自由への欲望は他者からの承認を求める

さて、では私たちは、より具体的に、いったいどうすれば〈自由〉を実感する——獲得する——ことができるのだろうか。どうしても〈自由〉を求めてしまうという、人間的欲望の本質が達成されるその最大の条件は何だろうか。

ヘーゲルはいう。私たちが〈自由〉を実感できるための最大の条件、それは他者からの承認にある。

もっとも、ここでいう「承認」にはかなりの幅がある。相手をただ無関心に、さしあたり存在しているということだけは認めるという「承認」から、高く評価したり称賛したり憧れたりする、そのような「承認」まで、幅がある。しかしいずれにせよ、私たちは、どれだけ自分は〈自由〉だといったところで、それを他者が何らかの形で承認してくれない限り、虚しく自身の〈自由〉を主張し続けているに過ぎない。それはいわば単なる「わがまま」なのであって、先に述べたように、「わがまま」は決して〈自由〉の本質たり得ない。それはたいてい、早晩崩れ去らざるを得ないものであるからだ。

それゆえ私たちは、自らが〈自由〉であることを実感するために、どうしても他者の「承認」を必要とする。『精神現象学』においてヘーゲルは次のようにいう。

自分が相手に向って為すことを相手側が相手側自身としても為してくれないと、自分だけではなにごとをも為すことはできないのである。〔中略〕おのおのがその為すところをなすのは、ただ他方が同じことを為してくれるかぎりにおいてのことでしかない。[14]

それゆえヘーゲルは次のようにいう。人類の歴史、それは、自らを他者に承認させようとする、長い戦いの歴史であったのだ、と。これをヘーゲルは、承認のための「生死を賭する戦い」と呼んだ。[15]人間を他の動物と区別して語ることは現代では流行らないが、[16]しかしそれでも、次のようにいうことは許されるだろう。

動物の場合は、争いが起こっても一番の強者が決定すればそこで戦いは終わる。しかし人間の場合は、争いに負けて奴隷にされたとしても、長い目で見ればそのまま奴隷に甘んじることはない。[17]自らが〈自由〉になるためには、命を賭してでも戦おうとする。少なくとも歴史的に見れば、私たちは確かに、ヘーゲルと共にそのようにいうことができるだろう。

世界各地において、歴史上、奴隷は必ず反乱を起こした。一八〜一九世紀ヨーロッパにおいて、自由を抑圧された人々は革命を起こした。前世紀、アメリカの黒人たちは公民権運動を起こし、自由を制限されていた女性たちは女性解放運動を起こした。そして今もなお、私たちは世界各地で起こる革命を目撃し続けている。

自らの〈自由〉を他者に認めさせることができない限り、私たちは〈自由〉を感じることができないのだ。

〈自由〉への欲望は他者からの承認を必要とする。

このことが理解できれば、私たちは続いて、では、そのためにはどのような社会を構想すればよいのか、という次の問いへと、大きな一歩を踏み出せるようになる。

2 「よい」社会とは

一 自由の相互承認

人間的欲望の本質は〈自由〉である。そして関係存在としての人間が営む社会生活においては、この自由の感度は、他者からの承認なしに達成することはまずできない。

ではこうした自由の感度を十全に達成するための、最も根本的な社会的条件は何だろうか。ヘーゲルはいう。それは、各人が互いの〈自由〉――各人が〈自由〉への欲望を持っているということ――を相互に認め合うという、〈自由の相互承認〉のほかにない。[18] 人間的欲望の本質である〈自由〉を最も十全に達成するための根本的な社会条件、それは、社会が〈自由の相互承認〉の理念に基づいて設計されているという点にこそある。

この根本理念は、今ではいわば当たり前の理念となっているものといってよいだろう。しかし私たちは、この理念――社会の構想原理――の意義を、今改めて十分に理解しておく必要がある。

というのも、この理念が自覚的に登場したのは、まだようやくわずか二百数十年前のことであり、人類の一万数千年におよぶ歴史から見れば、ごく最近のことであるからだ。ヘーゲルがいうように、人類は長い歴史のほとんどを、承認のための「生死を賭する戦い」に明け暮れてきたのである。

この世界史における戦いの顚末を、ヘーゲルの記述に沿ってざっと見てみることにしよう。

ヘーゲルによると、この戦いはまず、勝者と敗者、すなわち「主《しゅ》」と「奴《ど》」を生むことになる。コジェーヴがいうように、「**主**とは尊厳を求める**闘争**において最期まで闘い抜き、自己の生命を危険に晒し、自己の絶対的な優位において自己を他者に承認させた人間である」[19]。その一方で、奴は、「**承認**を求める自己の人間的欲望を生物的な生命保存の欲望に服従せしめた」[20]者である。

こうして奴は主によって征服され、そのことによって、生死を賭した戦いはひとまずは終結することになる。パックス・ロマーナ（ローマの平和）や江戸の太平などを思い浮かべれば、そうした例は枚挙に暇《いとま》がないことが分かるだろう。

しかしヘーゲルはいう。今度は服従を余儀なくされた奴の側から、〈自由〉への欲望がふつふつと沸き立ってくるのだと。やや象徴的ないい方をすれば、〈自由〉への欲望を切実に感じ、そしてその可能性へとめがけることを強く欲するのは、虐げられた者の側なのである。このこともまた、歴史を見ればその例はきりがない。奴は主に戦いを挑み、そしてついには、主を打ち倒すことになるだろう。

ヘーゲルは典型的には、これをフランス革命に見る。万人の〈自由〉の実現の可能性。これがフランス革命の歴史的意味である。

さて、しかしヘーゲルによれば、これで万人の〈自由〉が達成されたわけでは決してない。というのも、周知のように、フランス革命期にはロベスピエールによる恐怖政治の悲劇が起こっているからである。

それはまさに、前節でみた、自らの絶対的無限性を主張するわがままな〈自由〉であり[21]、それゆえに起こった「破壊の狂暴」[22]である。革命によって〈自由〉が解放された人々は、自らの〈自由〉を妨げようとする一切のものを、否定し破壊しようと試みたのである。それゆえヘーゲルは次のようにいう。「絶対自由」を欲し、桎梏《しっこく》たりうる一切のものを破壊しようとしたこの「事業」の意味したもの、それは結局のところ、〈自由〉などでは到底なく、ただ「死」のみであったのだ、と。[23]

こうして人類は、その長い歴史を通じて、ようやく次のことに気がつくようになった。ヘーゲルはそのように主張する。すなわち、十全な〈自由〉は、絶対的な無限性の素朴な主張（承認をめぐる生死を賭する戦い）にも、これを絶対的に押さえつけるところ（主による奴の支配）にも、あるいは一切の権力や制度を廃して再び絶対的無限性を主張するところ（恐怖政治）にも存し得ない。自らが十全に〈自由〉たりうる唯一の社会原理、それは、互いに他者が〈自由〉な存在（自由たろうとする意志を持つ存在）であることを認め合う、〈自由の相互承認〉の理念のほかあり得ない。

以上が、ヘーゲルが人間的欲望の本質から取り出した社会の「原理」である。人類はまさに一万数千年におよぶ歴史を通して、ようやく自らの〈自由〉を最も十全に現実化しうる、社会のあり方を発見したのである。

ちなみに若干余談になるが、以上述べてきたことが理解されれば、二〇一〇年末からのチュニジアに始まる北アフリカ・中東の革命は、想像以上に早い勃発ではあったが、起こるべくして起こったものであったということができるだろう。私たちは、自らの〈自由〉が他者から承認されることを欲する。それが著しく妨げられている時、人は〈自由〉を求めて闘争する。

しかし私たちはここで、ヘーゲルの洞察を十分に自覚しておく必要がある。革命が向かうべき先、それは、〈自由の相互承認〉の理念の実現のほかになく、またそうでなければならないからである。

ヘーゲルと同じように、革命は解放で終わってはならず、自由の創設をこそ最大の目的としなければならない、と論じたのは、先にも触れた二〇世紀の女性思想家ハンナ・アーレントである。[24] アーレントは、フランス革命が結局テロリズムに至ったのは、この自由の創設を目的としてはっきり定めることなく、むしろ人民の貧困の解決を最大の課題としたからだったと指摘する。すべての人民の貧困からの解放、ここに焦点を合わせる限り、貧者による富者に対するテロが解き放たれることになる。革命の奪い合いを、終わらせることができないのだ。

革命のより本質的な課題、それは〈自由〉の創設である。ヘーゲル的にいえば、いかにして〈自由の相互承認〉を実質化するかという課題である。アーレントはいっている。

> 革命がフランス革命のお定まりの運命のコースに必ずはまりこんでしまう強力な誘因は、必然性〔貧窮〕からの解放が、その緊急性のゆえに必ず自由の創設より優位におかれるという事実ばかりではない。それ以上に重大で危険な事実は、富者にたいする貧民の蜂起が抑圧者にたいする被抑圧者の反乱とはまったく異なる、それよりもっと強力な力の惰性をもっているという事実であ

る。[25]

解放のエネルギーはすさまじい。いったんそれが爆発すれば、フランス革命におけるあの恐怖政治の悪夢が繰り返されることになる。それゆえ私たちは、革命が解き放たれた時、これを貧者による富者の殺戮ではなく、市民全員の〈自由の相互承認〉の現実化へと向かわせるほかにない。そうでなければ、結局私たちは命の奪い合いを終わらせることができなくなってしまうだろう。現代における革命もまた、そのきっかけを貧困問題に持っていることを思えば、私たちはヘーゲルやアーレントの洞察を、今一度深く胸に刻んでおく必要がある。

ともあれ以上見てきたように、私たちが構想すべき社会の原理は、〈自由の相互承認〉のほかにない。それゆえ私たちが次に問うべきは、いかにしてこの原理（理念）をできるだけ実質化することができるか、というものとなるだろう。

二　一般意志

〈自由の相互承認〉の理念（社会原理）を、私たちはいかにして実質化していくことができるだろうか。

結論からいえば、その最も根本的な条件は、〈自由の相互承認〉を保障するための「法」と、これを設定する「権力」を創設することである。そしてまた、各人が十全に〈自由〉たりうる「力能」を得るための、「教育」を整備することである。

教育については次節で詳論することにして、以下では「法」と「権力」について述べることにしよう。

法、およびこれを設定しまた守らせる権力がなければ、〈自由の相互承認〉の理念など結局は絵に描いた餅に過ぎないだろう。かつて無政府主義者たちは、むしろ法や権力こそが〈自由〉の桎梏なのである、と（命を賭けて）主張したが、ヘーゲル的にいえば、それは素朴な自由の表象（イメージ）に囚われた思想であったというべきである。革命の決定的理念は「もはや権威なし《プリュ・ドトリテ》」[26]である、と宣言した一九世紀の無政府主義者プルードンや、歴史の究極目的は「各人の真実にして完全なる解放」[27]であると主張したバクーニンらの思想は、今や残念ながら、夢想に終わってしまったといわねばならない。

〈自由の相互承認〉を実質化するためには、私たちはおそらくどうしても法と権力を必要とするのである。したがって私たちが考えるべきは、法や権力は私たちの〈自由〉を妨げる、などと主張することではなく、どのような法や権力であれば「よい」「正当」といいうるか、という問いとなるはずなのである。

私の考えでは、この問いに最も原理的な回答を与えたのは、フランス革命にも大きな影響を与えた、ジャン＝ジャック・ルソーである。

どのような権力であれば、私たちは「よい」「正当」といえるのか。ルソーの答えは簡明である。それは、政治権力がある一部の人の意志（利益）のみを代表するのではなく、すべての人の意志（利益）を代表している時にのみである。

これをルソーは、〈一般意志〉の理念として提示した。

これは、ルソー以前の、最強者の意志が正当であるとする正当性論や、神の名のもとの王の意志こそが正当であるとする正当性論を覆す原理として提示されたものではあるが、以下に考察するように、今日でもその原理性を失ってはいない。

〈一般意志〉とは何か。それは、権力の「正当性」の基準原理である。つまり、先に述べたように、権力はある一部の人たちの意志（利益）のみを代表するのであってはならず、すべての人の意志（利益）を代表している時にのみ「正当」であるとする、そのような基準原理なのである。

したがって〈一般意志〉は、これこそが〈一般意志〉である、などとその内実を絶対的に決定しうるものではなく、あくまでも、すべての人の意志（利益）に適う時にのみ「権力」や「法」は「正当」であるとする、理念をいい表したものである。換言すれば、それは私たちが権力を批判したり評価したりする際の、根拠となるべき理念なのである。

実際私たちは、批判するのであれ評価するのであれ、権力の「よさ」の判断基準を、この〈一般意志〉以外に見出すことはできないだろう。時の権力を私たちが「おかしい」と思うのは、それがすべての人の意志（利益）を代表しようとするのではなく、ある一部の人の意志（利益）だけを代表しようとしている時であるはずだ。

それゆえに、〈一般意志〉の完全な達成は不可能であるがゆえに「完全に無意味」[28]である、という、先に挙げたプルードンなどによってしばしばルソーに向けられてきた批判は、的を外した批判であるといわなければならない。

確かに、〈一般意志〉が完全に達成されることは、おそらくほぼ不可能なことだろう。国家はいうまでもなく、地域住民の集いでも、学級の中においてさえ、すべての関係者・参加者の一般意志を完全に代表することは至難のことである。

しかし繰り返し強調しておく必要がある。一般意志は、絶対に達成されなければならない理想を意味しているわけではなく、あくまでも政治権力の「正当性」をはかるための基準原理なのである。

『社会契約論』の有名な冒頭で、ルソーは次のようにいっている。

> 人間は自由なものとして生まれた、しかもいたるところで鎖につながれている。〔中略〕どうしてこの変化が生じたのか？　わたしは知らない。何がそれを正当なものとしうるか？　わたしはこの問題は解きうると信じる。[29]

まさにルソーの目的は、私たちは自らの〈自由〉のためには自らを法や権力に従わせなければならないが、その場合どのような法や権力であれば「正当」といえるのか、という問いを解明することにあったのである。

〈一般意志〉が、ルソーの出した答えであった。

繰り返すが、一般意志を絶対に達成することは確かに困難なことだろう。それゆえプルードンは、むしろ現実にある様々な不平等を告発し改善していかなければならないとルソーを批判したのだが、その場合であってもなお、私たちは次のように問わざるを得ないはずである。すなわち、（プルードンは）何をもってこの社会や権力が問題だといえるのか。社会や権力を、問題だとか正当だとかいう、その基準はどこにあるのか。

まさに一般意志こそが、その基準なのである。権力は、ある一部の人たちの意志（利益）のみを代表していてはならず、すべての人の意志（利益）を代表している時にのみ「正当」といいうる。[30]私たちはこの理念のほかに、権力の正当性をはかる基準を持ち得ないはずである。[31]

あるいは、アーレントやハーバーマスといった多くの思想家たちは、一般意志は全体主義的であるといった論調でこれまでルソーを批判してきたが、[32]これもまた、皮相な批判というほかないものである。一般意志は、すべての人の意志を統一しようなどという理念では決してない。繰り返すが一般意志は、絶対的に達成されなければならない理想ではなく、あくまでも政治権力の「正当性」をはかる基準なのである。私たちはどのような時に、法や権力を正当といいうるか。それは、〈自由の相互承認〉の原理による限り、ある一部の人の意志（特殊意志）ではなく、すべての人の意志（一般意志）が代表されている時にのみである。このようにいう以外に、私たちは法や権力の「正当性」をいい表す言葉を持たないはずである。

三　原理と実践理論の区別

以上見てきたように、社会を〈自由の相互承認〉の原理によって構想すること、そしてそのために、権力を〈一般意志〉を代表するものたらしめること。これが、よい社会とは何かという問いに対する最も根本的な答えである。

いうまでもなく、これはまだなお理念的な答えである。しかしこの理念的な答えを得たからこそ、私たちはここにようやく、どのような社会や教育を構想していけばよいかという問いを問うための、思考の出発点を手に入れることができたのである。

すなわち、以上が理解されれば、私たちは続いて次のような具体的問いを探究することができるようになるわけだ。

1．その時々の状況に応じて、どのような考え方が〈自由の相互承認〉や〈一般意志〉の原理を最も実質化しうるといえるか、その具体的理念を実践理論として探究する。

2．どのような条件を整えればより〈自由の相互承認〉や〈一般意志〉の原理に近づけるようになるか、その技術論を実践理論として構築する。

2についてから述べよう。これは、たとえば選挙制度や行政システムなどを、どうすればより〈一般意志〉を代表しうるものに近づけられるかという、いわば技術的・工学的な問いである。一票の格差をどうすれば減らすことができるかとか、教育委員会制度をどうすればより一般意志を代表しうるものに改善できるか、といった研究がこれに当たる。つまり、〈自由の相互承認〉や〈一般意志〉の原理をできるだけ実現に近づける、技術的・工学的な実践理論の探究である。

これは、以下のハーバーマスの主張とも共通した課題提起であるといってよいだろう。

法が完全な規範的意味を得るのは、それ自体の形式によるのでもなければ、ア・プリオリな所与の道徳的内容によるのでもなく、正統性を産みだす法制定手続きによるのである。〔中略〕そして正当化のポスト伝統的水準では、すべての法仲間の討議による意見形成・意思形成において合理的に承認されうるような法だけが正統だと見なされる。[33]

しかし私たちは、ハーバーマスのように、法（権力）の手続き的正当性のみを強調するだけでは不十分である。ハーバーマスの理論は、簡潔にいえば、討議を重ねることで妥当な法を作っていこうというものだが、これは前章でプラグマティズムを批判的に検討した際に述べたのと同様、形式的には妥当だが、ではどのようにアイデアを出し合って合意を作っていけばよいかという、その内実の論じ方がほとんど明らかにされていないという意味において不十分である。ハーバーマスが探究するのは、いかにして民主主義的で十全な討議が可能な公共圏を作るかという問題であり、それはそれとしてもちろんきわめて重要な課題ではあるが、私たちは、この討議の方法それ自体をも十分に明らかにしておく必要がある。

現象学的にいえば、それは、互いの信念はどちらが正しいかと問うのではなく、そうした信念が確信として成立したその条件を問い合うことにあるが、これを応用したのが、先に述べた1である。

つまり私たちは、どのような具体的理念が、その時々の状況において最も〈自由の相互承認〉の原理に適い〈一般意志〉を代表しうるか、その実践理論を探究することができるし、またそのように論じ合っていく必要があるのである。私たちが持つ「よい」社会の具体的理念は、〈一般意志〉を代表しうる時にのみ正当といいうるが、それはなぜ、どのような意味において、すなわちどのような状況においてであれば〈一般意志〉に適うといえるのか。「よい」社会の具体的理念を提示するにあたって、私たちは、このように問い合うほかに方法を持たないはずである。

要するに私たちは、〈自由の相互承認〉という社会の原理と、〈一般意志〉という権力の正当性の原理を手にした今、技術・工学的にも理念的にも、この原理をできるだけ実現させるための方法、すなわち実践理論を問うことができるようになるのである。これを私は、社会・教育構想における〈原理と実践理論の区別〉といって、特に重要な点として強調しておきたい。

というのも、私の考えでは、特に1に関係する問題として、これまでの社会正義論や教育正義論が混乱に陥っていた理由は、前章で論じた各理論の方法論的前提の問題に加えて、従来の正義論が、この原理と実践理論の区別に自覚的でなかったという点にあるからである。

もう一度やや単純化していっておくと、ロールズがかなり平等主義的な正義論を論じたのに対して、ノージックは自己所有権を基礎とする正義論を論じた。テイラーやサンデルは、普遍的正義を論ずるのではなく、共同体の共通善から正義を取り出すべきだと論じた。今日ではこうした議論はさらに細分化して、果たして正義とはいったい何なのか、きわめて混乱した事態に陥っている。

しかし原理は簡明なのだ。

正義とは何か。それは自由の相互承認が実現されていることであり、政治権力が一般意志を代表していることである。これだけが原理である。したがって私たちが次に探究すべきは、ではこの原理にできるだけ近づくことのできる、状況に応じた実践理論は何かという問いのほかにない。そしてそのように考えれば、右の各理論は、必ずしも対立する必要のない、つまり異なった状況下における、相補的な実践理論として再解釈することができるようになるのである。

たとえばロールズは、前章でみたように、社会的・経済的不平等は、それが「社会のなかで最も不利な状況にある構成員にとって最大の利益になる」のでない限り許されない、という格差原理を提示したが、私たちは、この原理はいついかなる時も一般意志を絶対に代表しうる理念である、などということはできない（実際、ノージックはこの理念に決して与《くみ》しない）。

しかしロールズ的リベラリストもノージック的リバタリアンも、双方共に、社会の構想原理が〈自由の相互承認〉であり権力の正当性の原理が〈一般意志〉であることについては、これまで論じてきた理由から合意せざるを得ないはずである。そしてその観点からすれば、リバタリアンでさえ、「格差原理」は、ある状況下においては一般意志を最も代表しうることがある、と認めざるを得ないはずである。たとえば、あまりに長期的な経済的不平等の固定化が続いたなら、それは〈自由の相互承認〉の原理に反するがゆえに、その状況においては、「格差原理」が〈一般意志〉を代表しうるといえる可能性は高くなる。つまりロールズは、格差原理を正義の原理としてではなく、どのような状況であれば最も一般意志を代表しうるか、という、状況相関的な実践理論として提示するべきだったのだ[34]。

そんなことは当たり前であって、現代政治哲学者たちはそれを前提とした上で次の課題を探究しているのだ、といわれるかも知れない。しかし私の考えでは、前章で論じたような正義をめぐる対立や混迷は、むしろこの当たり前のことを十分に自覚していなかったがゆえにこそ生じてきたものである。原理と実践理論の区別、より詳しくいえば、原理に基づいた状況に応じた実践理論の探究という課題が、自覚的には理解されてこなかったのである。[35] もし十分に理解されていたとしたら、前章で紹介した対立問題は実のところ擬似問題であるということが、もっと前からすでに「常識」になっていたはずである。

つまり、〈原理と実践理論の区別〉が十分自覚されたなら、現代政治理論の諸対立は、次のように発展的に解消されることになるはずなのである。

リベラリズム、リバタリアニズム、コミュニタリアニズム、あるいは次節で触れる功利主義、といった各理論は、これまでどれが正しいかという議論を基本的にはしてきたが、しかし私たちはむしろ、これらすべてを、〈自由の相互承認〉や〈一般意志〉の原理をできるだけ実質化するための、状況に応じた実践理論として編み直すことができる。繰り返しいえば、上記諸理論は、対立するものではなくむしろ相補的な実践理論として捉えることができるのである。

たとえば、先述したようにあまりに経済格差が固定化し過ぎている状況においては、平等主義的リベラリズムの格差原理が最も一般意志を代表しうるだろう、[36] とか、コミュニタリアンがいう共通善の涵養という政策は、地域や共同体での助け合いがどうしても不可欠な状況においては一定程度一般意志を代表しうるだろう、とか、私たちはそのように論じていくことができるのである。そうすれば、両理論は状況に応じて使い分けたり組み合わせたりすることができる、相補的な理論となるのである。

以上、社会の原理は〈自由の相互承認〉であり、これを保障する権力の正当性の原理は〈一般意志〉であること、そして今後私たちが考えるべきは、この原理をより実質化していくための、状況に応じた実践理論を探究することであるということを述べてきた。

さて、こうして私たちは、ようやく教育の根本原理について論じるところにまでやって来た。まさに教育は、〈自由の相互承認〉を実質化するための、最大の実践理論であるといってよいからだ。先に私は、各人の〈自由〉を十全に達成するためには社会を〈自由の相互承認〉の原理によって構想するほかないが、この原理を実質化するためには、「法」と「権力」、そして「教育」が必要であるといった。「法」と「権力」の正当性原理についてはすでに述べた。教育の「本質」を明らかにするその土台は、もはや出そろったといってよい。

3 「よい」教育とは

一 公教育とは何か

社会の原理と正当性は何か。この問いに答えが与えられた今、私たちはようやく、教育とは何か、そして、どのような教育を「よい」といいうるか、という問いに取り組むことができるようになった。本節ではいよいよ、本書の主題である教育の本質および「正当性」の原理を解明することにしたい。私たちはどのような教育を欲するか、すなわち、人間的欲望の本質である〈自由〉を、最も十全に達成することのできる教育的条件（教育のあり方）は何か。これが、本節、および次章における根本的な問いである。

さて、〈自由の相互承認〉の原理を獲得した社会は、前節で見たように、これを実質化するために法——個人の側から見れば権利——を設定することになる。[37] しかしこの法や権利がどのようなものであるかを知ることができなかったり、あるいはこれをどのように行使すればよいかが分からなかったりすれば、法や権利の設定は有名無実に過ぎないだろう。

フランス革命期に活躍した「公教育の父」コンドルセは、「公教育は国民に対する社会の義務である」と述べた上で、まさに次のようにいっている。

人間はすべて同じ権利を有すると宣言し、また法律が永遠の正義のこの第一原理を尊重して作られていても、もし精神的能力の不平等のために、大多数の人がこの権利を十分に享受できないとしたら、有名無実にすぎなかろう。[38]

つまりコンドルセは、公教育の本質は、法と権利を実質化するところにあるというのである。

もっともコンドルセは、フランス革命という時代背景のゆえに、公教育は、権利の平等の実質化を実現することで専制からの解放を可能にする、という点に重点を置いていた。しかしあからさまで直接的な専制支配が消失した——少なくとも先進国においては一般に正当性を認められなくなった——

今日から見れば、権利の平等の実質化を公教育の本質とするよりは、その根拠となるさらに深い原理からこれを編み直したほうが説得的だろう。

いうまでもなく、〈自由の相互承認〉の原理がそれである。

各人の〈自由〉を保障するためには、私たちは社会を〈自由の相互承認〉の理念に基づいて作っていくほかにない。そこで私たちは、〈一般意志〉を代表している時にのみ正当といいうる権力、およびこの権力が設定した法（＝権利）を通して、まずはこの〈自由の相互承認〉を理念的に実質化する。しかしそれだけでは、各人の〈自由〉も社会の〈自由の相互承認〉も、まだ十分に実質化し得たという訳にはいかない。

各人の〈自由〉も社会の〈自由の相互承認〉も、各人の一定の〈教養＝力能〉がなければ、現実に実質化することはできないからだ。

つまり、こういうことである。

読書算ができなければ、私たちの自由は著しく損なわれてしまうだろう。法律の知識がなければ、騙《だま》されることもある。私たちが自由な社会生活を営むためには、つまりできるだけ納得し、さらにいえばできるだけ満足して「生きたいように生きられている」と実感できる生活を送れるようになるためには、私たちには一定量の知識教養を獲得することが不可欠なのである。

それゆえコンドルセは次のようにいう。すなわち、公教育は、すべての人々に「かれらが到達し得る知識を獲得」[39]させるものでなければならない、と。

しかし必要なのは、いわゆる「知識」ばかりではない。自分の考えを伝える力や、他者と意見を相互に調整していけるような、一定のコミュニケーション力も必要だろう。また、デューイが的確にいっているように、「自分自身の盲目的な欲望のとりこになった者もまた奴隷である」[40]。それゆえ私たちは、「欲望に相応するような行動をとらず、その前に観察と判断がはいり込むまで、初期の欲望を延期するだけの能力」[41]を必要とする。

そして何より必要なのは、〈自由の相互承認〉の理念の十全な理解、この理念の、いわば内在化にほかならない。もはやいうまでもなく、自らの〈自由〉のためには、私たちは他者の〈自由〉をも承認できる存在でなければならないからだ。

公教育とは、まさにこのような知識、コミュニケーション力、自制力、そして何より自由の相互承認の感度という、〈教養＝力能〉を育成するものなのである。そのことでようやく、私たちの〈自由〉、および社会における〈自由の相互承認〉の理念は、より十全に実質化されることになる。

ヘーゲルはいう。〈教養＝力能〉（Bildung）とは、まさに自らを自由なものへと解放してくれるものである、と。そして続ける。

> この解放は（個々の）主体においては、動作のたんなる主観性や欲望の直接性だけではなく、感情の主観的な自惚れや個人的意向の気まぐれをも克服しようとする厳しい労働である。解放がこのような厳しい労働であるということこそ、それが嫌われることの理由の一部である。しかし陶《とう》冶《や》としての教養のこの労働によってこそ、主観的意志そのものがおのれのうちに客観性を獲得するのであって、この客観性においてのみ、主観的意志はそれなりに理念の現実性たるに値し、理

念の現実性たりうるのである。(『法の哲学』§187)

前に論じたように、〈自由〉とは、ただ素朴に自分の「わがまま」を主張しているだけでは獲得できないものだった。自由になるためには、それを他者に承認させうるだけの力能と、他者の自由もまた承認できる力能を必要とするのである。この力能によって、私たちは単なる「わがまま」から十全な〈自由〉へと、自らの〈自由〉を実質化させていくことができるようになる。まさに、「理念の現実性たりうる」ことになるのである。

ちなみに、よく知られているように、「教養」と訳されるドイツ語の Bildung は、豊かな意味内容をもった言葉である。私は右でしばしばこれを「力能」とも訳してきたが、これは哲学者の西研から借りている。[42] 教育が育成すべき教養とは、読書算とかコミュニケーション能力とかいったいわば個別的な能力というよりは、自らが〈自由〉になるための、これらを含むより包括的な力能なのである。

ヘーゲルがいうように、この教養獲得過程は一種の「労働」である。したがって多くの場合、嫌われてしまいがちである。しかし私たちは、この過程をどうしても必要とせざるを得ないのだ。象徴的にいえば、私たちはとりわけ教育を通してこそ、〈自由〉になることができるからである。カントの有名な言葉を借りていえば、まさに「人間は、教育によってはじめて人間となることができる」[43] のである。

以上から私は、公教育の本質をまず次のように定式化したいと思う。すなわち、「各人の〈自由〉および社会における〈自由の相互承認〉の〈教養=力能〉を通した実質化」。

私たちが〈自由〉になるためには、どうしても相応の〈教養＝力能〉を獲得する必要がある。したがって諸個人の側から見れば、教育とは自らが〈自由〉になるための〈教養＝力能〉育成を保障してくれるものである。他方この〈教養＝力能〉の根幹をなすのは、〈自由の相互承認〉の理解、つまりその内在化である。したがって社会の側から見れば、諸個人の〈教養＝力能〉を育成することが、同時に社会における〈自由の相互承認〉をより実質化することに結びつく。それゆえ教育の本質を洞察する際、私たちは、それが諸個人にとって持つ意味本質と、社会にとって持つ意味本質の、双方を併せ持った言葉を紡ぐ必要がある。すなわち、「各人の〈自由〉および社会における〈自由の相互承認〉の〈教養＝力能〉を通した実質化」、これが公教育の本質なのである。

二　なぜ公教育なのか？――教育は「個のためか社会のためか」を解消する

さて、しかしなぜ、各人の〈教養＝力能〉を、社会が整備する必要があるのだろうか。すなわち、なぜそれは公教育である必要があるのだろうか。

序章でも述べたように、それは、もし私たちの教育の一切が私教育に委ねられてしまったとしたら、社会の原理である〈自由の相互承認〉が損なわれてしまうからである。私教育の質や機会は、生まれや環境の差によって大きく異なる。もし一切を私教育に委ねてしまったとしたら、たとえば富裕な家庭に生まれた子どもと貧しい家庭に生まれた子どもとでは、多くの場合、教育の機会や質にも著しい差が生まれ、したがってそれぞれが獲得する〈自由〉の度合いにも、著しい差が生じてしまうだろう。それは〈自由の相互承認〉を妨げることになる。したがって社会は、教育の一切を私教育だけに委ねるのではなく、すべての子どもの〈自由〉を実質化するという指針のもと、そのために必要な〈教養＝力能〉育成を保障する必要があるのである。そして先述したように、それが同時に、社会における〈自由の相互承認〉の実質化に結びつく。

ちなみに、ロールズは生まれの差は平準化されるべきであると考え、ノージックは生まれの差を社会が平準化することの方が権利の侵害であると論じたが、前章でみたように、これはどちらが絶対に正しいかという問題ではないのだった。つまり双方とも〈自由の相互承認〉の原理を実質化する状況に応じた実践理論と捉えられるべきなのであり、やや身も蓋もないいい方をすれば、程度問題なのである。

このいわば「当たり前」のことを十分自覚していないと、極端な平等主義的リベラリストは、「平等」を絶対的義務として教育のすべてを完全に平等にせよと主張することになるし、極端なリバタリアンは、自己所有権を絶対的義務として、教育をすべて私教育にせよと主張することになる（実際そうした論者は少なくない）。要するに、何が絶対的な道徳・義務かをめぐる、前章で見たような答えの出ない信念対立を繰り広げることになるのである。

しかし繰り返すが、これはどちらが正しいかという問いではなく、それぞれの状況において、どのように双方組み合わせて考えれば、〈自由の相互承認〉の原理を侵害することなく、さらにいえばこれを拡大促進する形で各人の〈自由〉を実質化していくことができるか、と問うほかない問題なのである。そして教育の場合であれば、先述したように、一切を私教育のみに委ねることは〈自由の相互承認〉を妨げることになる、ということについては、リバタリアンであっても合意せざるを得ないはずである。しかしかといって、教育の一切を完全に平等・均質なものとせよと主張するのも行き過ぎだろう。自由の相互承認を妨げないと判断される限りにおいて、選択の幅を広げることについてはむしろ望ましいことといっていい。

要するに、「平等」か「選択の自由か」、どちらが正しいか、という問いもまた、「問い方のマジック」に陥った問いなのである。再び身も蓋もないいい方をすれば、これは程度問題なのであって、どちらが絶対に正しいかと問うべき問題ではない。そしてこの程度は何を基準に考えられるべきかといえば、それは自由の相互承認の範囲内で、あるいはこれを促進拡大しうる限りにおいて、である。いわれてみれば拍子抜けするほどに当たり前の話であるはずだが、この「平等」か「選択の自由」かという問いは、これまで長い間、教育における一種のアポリアとして続いてきたものである。

実はこのアポリアの根底には、公教育の成立以来絶えることなく議論されてきた、さらに根本的な次のような問いがある。すなわち、教育は「個」のためのものか、それとも「社会」のためのものか、という対立的問いである。

教育における「個」と「社会」の対立の根は深い。たとえば、一九世紀末から世界的に広がった「児童中心主義」を掲げる新教育と、これに対して伝統的教養を重んずることを主張した、いわゆるエッセンシャリズムの対立などが象徴的である。

もちろん、新教育——アメリカでは特に進歩主義教育と呼ばれる——の理論的支柱となったデューイなどは、決して言葉の素朴な意味での児童中心主義を唱えたわけではない。しかし新教育は、行き過ぎた詰め込み教育に対するアンチテーゼとして、教育はどこまでも「個」を中心に、そして「個」

のためのものでなければならないと主張する嫌いがあった。それに対して、いや教育は国家を強くするためにあるとか、伝統文化を伝承していくためにあるとかいった反論がなされることになったが、こうした議論は、今もなお根強く続いているものである。戦後教育学が問題にした、「国家の教育権」か「国民の教育権」かという議論も、同様の問題設定であったといっていい。

二〇世紀末から今世紀にかけての新自由主義対革新勢力も、教育における「個」と「社会」の対立の一種である。教育の「個性化」「多様化」を訴え、教育は「個（性）」を最重要視しなければならない、と主張した新自由主義に対して、革新勢力は、第一章でも見たように、かつてはまさに個性尊重の論陣を張っていたはずだったが、この新自由主義の登場と共に、むしろ、教育は社会の平等のためにあると主張した。

教育は「個」のためか「社会」のためか。この問いは、形を変えてもう一〇〇年以上も続いてきたものなのである[44]。

しかしもはやいうまでもなく、この問いもまた、「問い方のマジック」に陥った擬似問題である。答えはやはり拍子抜けするほどに簡単である。教育は「個」のためか、それとも「社会」のためかではない。それは「個」のためのものでもあり、また同時に「社会」のためのものでもある。より正確にいえば、私たちは、私たち「個」の〈自由〉のためにこそ、「社会」における〈自由の相互承認〉を実質化していく必要があるのである。

繰り返しいっておくなら、「個」の側からみれば、公教育は自らの〈自由〉を実質化してくれるものであり、「社会」の側からみれば、そのことによって——とりわけ各人の〈自由の相互承認〉の感度を育成することで――社会における〈自由の相互承認〉を実質化するものなのである。両者は互いに支え合う関係にあるのである。

以上のことが理解されれば、私たちが問うべきは、教育は「個」のためか「社会」のためかではなく、公教育はこの本質（目的）を、実際に達成し得ているか否か、そして、どうすればより達成できるか、という問いになるはずである。

三　教育批判の根拠

それゆえこの観点だけが、有効な（学校）教育批判の根拠になる。逆にいえば、この観点を持たない教育批判は、教育にはそのような側面があるという指摘に過ぎないのであって、決して本質的な批判にはなり得ない。

今日の学校教育には、無数の問題が指摘されている。ざっと挙げてみよう。

たとえば、第一章でも述べた、ボウルズ＝ギンタスが指摘したような学校教育による不平等の再生産がある。フーコーがいうように、権力に従順な子どもたちが育てられるという側面もある。またイリッチがいうように、価値の制度化によって、自分たちが価値あると思うものを社会に決定されてしまうという側面もある。この見方からすれば、子どもたちが獲得すべき〈教養＝力能〉を社会が決定するなど、もってのほかということになるだろう。

そして、選抜システムとしての学校批判である。まさに学校による生徒選抜は、結局のところ不平等を再生産するし、また価値の制度化を推進している。現代の学校は、そのように批判されている。

こうしたすべての問題を背景に、序章でも述べたように、子どもたちは、なぜ学校に行き決められた勉強をしなければならないのか、多かれ少なかれその意味の実感を失ってしまっている。それが、学級崩壊やいじめの要因でありうるともしばしば指摘されている。

こうして見ると、現代の学校制度は、四方からの批判の重みに今やほとんど存在理由を失いつつあるようにさえ見える。少なくとも、一見したところ、その抜本的な改革が必要であるような印象を与える。

しかし私たちは、右のような諸問題をいったいどのような理由から「問題」だということができるのだろうか。そして、この問題をどのような方向に向けて改善していくことを「よい」といえるのだろうか。この問いに明確に答えられない限り、学校教育批判はいつまでも批判のための批判に終始し、「よい」教育を力強く構想していくことなどできないだろう。

批判するにせよ評価するにせよ、公教育の「よい」を判断する基準は何か。それは、〈自由〉および〈自由の相互承認〉が十全に実質化されているかどうか、という、この公教育の本質をおいてほかにない。

確かに、不平等の再生産、権力への馴致《じゅんち》、価値の制度化、そして選抜、あるいはいじめや学級崩壊などは、大きな教育問題である。しかしこれら問題は、いずれも学校批判の一要素にはなり得ても、教育の「よさ」を判断するための本質的な基準原理にはなり得ない。

つまり、今の教育は絶対平等ではないからすべて間違っている、とか、権力関係があるから、いじめがあるから、学級崩壊があるから、選抜で苦しむ子どもたちがいるから、すべて間違っている、などということは、本質を外した批判なのである。

むしろ私たちはこう問うべきなのである。選抜による苦しみや、いじめ、学級崩壊は確かに大きな問題ではあるし、一定の権力関係や不平等も避け得ない問題ではあるだろう。しかしだからといって、私たちは教育の一切が間違っているというのではなく、これら諸問題をどのように改善していけば、各人の〈自由〉および社会における〈自由の相互承認〉の実質化に、できるだけ寄与しうる教育を構想していくことができるだろうか、と。

右に挙げた問題を、なぜ私たちが「問題」と認識しうるかといえば、それは私たちが、これらが〈自由〉および〈自由の相互承認〉を著しく侵害していると考えるからであるはずだ。つまり、すべての人の「生きたいように生きたい」という欲望が、相互に承認されていないと考えるからなのである。そうである以上、私たちは、この本質（目的）のために、不平等の再生産をどのように食い止めることができるか、また、どのような権力、どのような価値、どのような選抜であれば、この目的をかえって促進しうるものへと改善しうるか、と問うほかに、教育構想のための問い方を持たないはずである。

以上のことを、私たちは何よりも十分自覚し理解しておく必要がある。そうでなければ、教育改革案はかえって問題を深刻化させてしまう可能性すらあるからだ。

たとえば、価値の制度化に抗して脱学校を唱える議論は今もある。文部科学省も学習指導要領もなくして、ホームスクーリングを主流にすればいいという議論もある。今はインターネットであらゆる情報が手に入るのだから、自学自習で十分だ、いやむしろそうすべきだというわけである（イリッチはすでに七〇年代に似たようなアイデアを提起していた）[45]。「価値の制度化」こそが教育の本質的問題であると捉えるのであれば、この改革案は確かに当然の帰結といえるだろう。

そこには、学習内容をパターナリスティックに決めて一律に育成するのではなく、各人のニーズに応じたより柔軟かつ効率的な教育へと転換する、という狙いがある。もっとも現代の脱学校論は、イリッチが「平等」を志向したのに対して、どちらかといえばその反対に「能力主義」を志向する傾向がある。つまり現代の脱学校論や学校縮小論は、現代の学校制度は悪しき平等主義であり、子どもたちを十把《じっぱ》一絡《ひとから》げに扱っていると捉えるのである。したがってイリッチの脱学校論と現代のそれとは、目指すべき方向が異なっているということについて注意する必要がある。

しかしいずれにせよ、学校が規定の教育を一律的に行うのではなく、個々人が自らに合った教育を選んで受けられるというアイデアは、一見魅力的なアイデアに見える。各人が自分に最も合った教育を自分で見出し選べるのであれば、従来の学校教育とはモチベーションもずいぶん違ってくるだろう。

しかし繰り返すが、ここで私たちは必ず次のように問わなければならないのである。すなわち、このアイデアはほんとうに、各人の〈自由〉および社会における〈自由の相互承認〉を十全に実質化しうるのか、と。この観点を持たない学校批判は無意味であり、またこの観点を欠いた教育改革案は、有害ですらある。私はこのことを、繰り返し主張したいと思う。

この観点からすれば、私は少なくとも今後しばらくは、学校の民営化もホームスクーリングも、現代日本の公教育の主流にはなり得ないだろうし、またなるべきではないと考えている。少なくとも今の段階では、それは一部の意識の高い、あるいは経済的に恵まれた人々の〈自由〉を集中的に促進することにはなりうるが、そうでない人々の〈自由〉については、著しく阻害することになるからだ。[46]要するに教育が自由化された時——それはつまり公教育の意図的な解体を意味するが——より恵まれた、そして稀少な教育機会を求めて動きやすい人と、そうでない人との間に、著しい格差が生じてしまうのである。それは〈自由の相互承認〉の原理に反することになる。

もちろん、これまでのような学校という装置や教育行政システムなしに、各人の〈自由〉と社会における〈自由の相互承認〉をより十全に実質化できる方法があるとするなら、私たちはそのアイデアを検討するべきである。現行の学校の存在やあり方は、あくまでも公教育の本質を達成するための一つの方法である。前節で述べた〈原理と実践理論の区別〉の観点からすれば、学校教育とは、〈自由の相互承認〉の原理を実質化するためのきわめて重要な一つの実践理論なのである。

したがって原理的にいえば、民営化もホームスクーリングも、あるいは教育ヴァウチャー[47]も学校選択[48]も、文部科学省解体も学習指導要領撤廃も、それが自由と自由の相互承認のより十全な実質化に寄与する限りで（あるいはその範囲内で）、そしてそれが可能な状況にあると判断された限りで、許容・促進されてよいことになる。しかし現状においては、これらはあくまでも例外的な措置に止まるべき——たとえばフリースクールなど、不登校児童生徒やいじめを受けた子どもたちのためであったり、あるいは思い切っていえば、ほとんど例外的なほどに優れた能力をもった児童生徒の教育支援なども あっていいかも知れない——であろうと私は思う。

ともあれ以上のように、批判するにせよ評価するにせよ、私たちが公教育の「よさ」を判断する最も根本的な基準原理は、公教育の本質である、「各人の〈自由〉および社会における〈自由の相互承認〉の〈教養＝力能〉を通した実質化」が、十全に達成されているかどうかというもののほかにない。

四 〈教養＝力能〉とは何か

ではここでいう〈教養＝力能〉とはいったい何か。以下では、教育がすべての子どもたちにその育成獲得を保障する、〈教養＝力能〉の本質について考えてみることにしよう。

教育が育むべき〈教養＝力能〉の内容を、社会が一定程度、決定することはある意味において仕方のないことである。それはアーレントがいうように、「子供がまだ世界を知らないならば、かれは徐々に世界に導かれねばならない」からである。しかしまた、「この責任は、教育者に恣意的に押しつけられたものではない。この責任は、若者は絶えず変化する世界へと大人によって導かれるという事実に含意されている」[49]。

なぜこんなことを学ばなければならないのか、という子どもたちの苦悩について、私たちは痛いほど共感することができる。しかしだからといって、大人たちによって決められた知識教養、あるいはルールを、私たちは完全に捨て去ることもできない。子どもたちは「徐々に世界に導かれねばならない」のである。それゆえ私たちが考えるべきは、そのことを認めた上で、なお、「どのような〈教養＝力能〉であれば、子どもたちの〈自由〉をより実質化しうるだろうか」という問いのほかにない。

もっとも、子どもたちが獲得するべき〈教養＝力能〉を社会（大人たち）が決定してしまうことについては、これまで様々な観点から批判が繰り広げられてきた。フーコーにいわせればそれは結局のところ権力への馴致であるし、イリッチにいわせれば価値の制度化である。あるいはまたカリキュラム研究の領域においても、「トップ・ダウンの方式でカリキュラムを開発し普及して教育の生産性と効率性を追求する時代は終わった」[50]とされている。今や「『カリキュラムづくり』とは『学びの経験のデザイン』に他ならない」[51]といわれる。

しかし私たちは次のようにいわなければならない。社会が設定する〈教養＝力能〉に、たとえフーコーやイリッチがいうような側面があったとしても、いや、むしろそうであればこそなおいっそう、私たちは、どのような〈教養＝力能〉であれば各人の〈自由〉および社会における〈自由の相互承認〉をより実質化することができるかという問いを立てるほかないのだと。また、確かにデューイもいうように、カリキュラムはあらかじめ設定された固定的知識を与えるものであるよりは、「算数、歴史、地理、あるいは自然科学の一つであれ、どのようなものであってもその発端は、日常の生活経験の範囲内にある材料から引き出され」[52]るよう編成される方が望ましいには違いない。しかしその上でなお、私たちは、どのようにカリキュラムを「デザインする」のであれ、その観点は、再び、どのような〈教養＝力能〉を育成することが、子どもたちの〈自由〉および社会の〈自由の相互承認〉を実質化しうるかということのほかにないといわなければならないのである。

そこで以下、そのような〈教養＝力能〉とは何か、考えてみることにしよう。もちろんいうまでもなく、その具体的内容は、時代や国、地域等によってかなりの程度変わるものである。そこで以下では、教育が育むべき〈教養＝力能〉の、その本質を明らかにすることにしたい。

まず、特に義務教育段階において育成獲得が保障されるべき〈教養＝力能〉を、私は「共通基礎教養」と呼ぶことにしたい。

ここでいう「共通」には、二つの意味が込められている。

一つは、すべての子どもたちに共通に獲得を保障すべき基礎教養という意味である。この意味での共通教養がなければ、知識習得に著しい不平等が生じてしまう。また社会全体から見ても、この共通教養がなければコミュニケーションは著しく滞るだろう。

「共通」のもう一つの意味は、将来どのような学業や職業に就いても、一定程度共通に必要とされる教養という意味である。この意味での共通教養を保障しなければ、各人のその後の進路選択の自由は著しく狭められてしまうことになるだろう。

この「共通基礎教養」の本質を、私は三つ取り出したいと思う。一つは、重要な「諸基礎知識」、二つは「学び（探究）の方法」、そして三つは、「相互承認の感度」である。前者二つは、一般的な用語でいえば「学力」のことである。そして最後の一つは、一般的な用語でいえば「ルール感覚」のことである。

（一）学力の本質

①諸基礎知識と学び（探究）の方法

「諸基礎知識」についてから論じよう。

思い切っていえば、私の考えでは、この諸基礎知識の量については、それほど膨大かつ細かなものではないし、むしろそうであってはならないものである。教育を最大の関心事の一つとした、数学者であり哲学者でもあったホワイトヘッドは、教育の原則は「多くのことを教えすぎるな」、そして「教えるべきことは徹底的に教えよ」[53]であるといっているが、私もまた、共通基礎教養についてはこの原則が当てはまるといいたいと思う。

なぜか。それは、そのことこそが、まさに各人の〈自由〉を最も十全に実質化しうる「学力観」であるはずだからである。

何のためにこれを勉強するのか、と子どもたちを悩ませ学習意欲を喪失させる最大の理由は、細かで膨大な知識、つまりホワイトヘッドのいう「生気のない諸観念」[54]を学習しなければならないという感覚にある。そのことは、探究心、そしてこの探究心を持った「学びの方法」の育成もまた妨げることになり、結果として、子どもたちを〈自由〉の獲得から遠ざけてしまうことになるだろう。数学者ホワイトヘッドでさえ、「二次方程式の代数的解法が数学専攻者のためだけでなく、多様なタイプの少年たちに課せられるというのはどうなのか」[55]といっているが、これは多くの人たちの実感でもあるだろう。[56]

それゆえ私は、学力の本質は、重要な「諸基礎知識」と、探究心を失わせることなく育むべき「学び（探究）の方法」にある、といいたいと思う。

もちろん、「教えるべきことは徹底的に教えよ」というホワイトヘッドの原則は重要である。それゆえ、重要な「諸基礎知識」については徹底的にその獲得を保障する必要がある。しかしそれと同時に、その過程において「学び（探究）の方法」を十分に身につけることができれば、子どもたちは自ら探究したいと思う事柄について、学校が教えるより効果的に、また深く、自ら学ぶことができるようになるだろう。

それゆえ私の考えでは、子どもたちが獲得すべき「諸基礎知識」の量は膨大である必要はない、というからといって、社会全体の学力低下や国際競争力の低下などを心配する必要はない。ほんとうに重要な「諸基礎知識」とその系統性を見きわめ、その獲得を必ず保障すると同時に、「学び（探究）の方法」を育成することに力を注げば、それはむしろ、各人にとっても、そして社会的にいっても有為な力能を、長い目で見ればより引き上げることを意味するはずであるからだ。

教育は長い目で見ることが重要だ。私たちが考えるべきは、義務教育段階においてどれだけ高い知識到達度に達することができたかではなく、どれだけ「諸基礎知識」と「学び（探究）の方法」を確実に育成獲得することができたか、ということにある。もちろんより高い到達度を目指したい、あるいは目指しうる子どもたちの学力向上については、その機会は十分保障される必要がある。しかし義務教育段階において決定的に重要なことは、「諸基礎知識」の「分かる」「できる」を徹底すること、そして「分かる」「できる」をより充実させていくための「学び（探究）の方法」を、徹底的に育んでいくことなのである。

もちろんこれまで日本では、学習内容や時数を削減した「ゆとり教育」のために、学力低下が問題化されてきた経緯がある。しかし、ただ学習内容を削減するだけでは不十分どころかむしろ弊害があるのは当然のことで、私の考えでは、私たちは「諸基礎知識」の系統性の徹底と「学び（探究）の方法」をどう育むかという教育方法の拡充や教師の熟練を、必ずセットにして教育（カリキュラム）を計画しなければならないのである。

それだけではない。私たちは、後述するように、義務教育終了後における、多様な教育機会の充実、あるいは学び直しを可能にする社会・教育のあり方をつくるという課題もまた、同時に探究していく必要がある。「諸基礎知識」と「学び（探究）の方法」を土台として、後に論じる「自らの教養」を、多様にかつより深く育んでいくことのできる、十分な教育機会が必要なのである。

したがって、義務教育段階における「学力」の本質を「諸基礎知識」と「学び（探究）の方法」として明確化し、これを現実のものとしていくためには、私たちは、学習内容の精選から教員養成・研修のあり方、教育方法の充実、そして生涯学習社会の充実に至るまで、広く長期的な視野を持って着実に計画を進めていく必要がある。そして繰り返し述べておくが、私は右のような「学力」論を、前章で明らかにした教育の本質論に基づいて導出している。まさに私たちは、学力論も教師論も教育方法論も生涯学習論も、すべて、教育の本質（原理）を達成するための実践理論として考えていく必要があるのである。

ところで、アメリカの教育哲学者エイミー・ガットマンは、教育が育むべき必須の〈教養＝力能〉として、「理性的熟慮」（rational deliberation）を挙げている。[57] 私なりにいえば、これは自らの置かれた状況を理解し、そこから自らをより〈自由〉な存在たらしめるためにはどうすればよいかを考えることのできる、思考力のことである。ガットマンの文脈では、それは、もしも子どもたちが親やコミュニティの宗教や習俗から抜け出たいと欲するのなら、その可能性を開きうるような思考力のことである。

ガットマンがいうこの「理性的熟慮」は、私たちの文脈でいえば、「学び（探究）の方法」の重要な一要素として解釈することができるだろう。「諸基礎知識」は、確かに一定社会によって決定されることを避けられない。しかし教育は同時に、この社会にただ従属するのではない、自らをより〈自由〉な存在たらしめるための思考力の育成もまた、子どもたちに必ず保障しなければならないのである。[58] このような「学力」を育む限りにおいて、私たちは、教育は権力への馴致であるとか価値の制度化であるとかいった批判は退けられるはずである。

以上、「学力」の本質は、自ら学ぶために必要な「諸基礎知識」と「学び（探究）の方法」にあることを述べてきた。学力観をめぐっては今もなお激しい論争が続けられているが、[59] その本質はシンプルであって、このことさえしっかり理解していれば、私たちは、では重要な「諸基礎知識」とは何か、そして「学び（探究）の方法」を、どのようにすればより十全に育んでいくことができるか、という問いの探究へと、問いの形を展開していくことができるようになるはずである。

②自らの教養

以上が義務教育段階においてその育成・獲得が保障されなければならない「共通基礎教養」としての「学力」の本質だが、続いて、それ以降の教育の機会——高校、専門学校、大学、その他生涯学習等の機会——において育成が求められる、〈教養・力能〉についても論じておくことにしよう。

私はこれを、「自らの教養」と呼ぶことにしたいと思う。

それは、より専門的かつ探究的、そして自身にとってこそ重要な、自らをより〈自由〉な者たらしめてくれる「教養」である。

第一には、それはできるだけ自身が望む職業に就くための教養であるだろう。そしてその職業において、十分に〈自由〉を実感できるための教養であるだろう。あるいはまた、趣味の世界など、自らの生を豊かにするための教養もそうだろう。要するにそれは、自らの「生きたいように生きたい」を、自ら実現させるための「教養」である。

先述したように、社会は「共通基礎教養」の獲得を土台として、こうした「自らの教養」を育んでいく機会を多様な形で保障する必要がある。社会学者アンソニー・ギデンズの言葉を借りれば、「若年から老年に至るまでの幅広い教育プログラムを持つ生涯教育は、政府の重要な仕事の一つである」[60]とさえいっていい。そして義務教育においては、そうした機会へのアクセスを、子どもたちに周知させることが重要である。

もっとも、義務教育段階における「学力」の本質を「諸基礎知識」と「学び（探究）の方法」とし、それ以降の教育機会において育成される〈教養＝力能〉を「自らの教養」として描き直すことは、「選抜」を重要な機能としてしまっている今日の教育システムからすれば、かなり困難なことであるというべきかも知れない。

細分化した知識の蓄積度を問うことは、最も容易かつ効率的な「選抜」の方法であるからだ。したがって、「選抜」優位の教育のあり方が続く限り、「諸基礎知識」と「学び（探究）の方法」を学力とするという学力観を、義務教育における学力観として定着させることは難しい。「選抜」優位の教育は、いつまでも基本的には、どれだけの量の知識を蓄積できたかという、そのような意味での「知識学力ゲーム」を続けることになるだろう。[61]

しかし私たちは次のようにいわなければならない。すなわち、公教育の本質は断じて「選抜」にあるのではなく、繰り返し述べてきたように、各人の〈自由〉および社会における〈自由の相互承認〉の実質化にあるのだと。

そこで私は次のようにいいたいと思う。選抜がなくなることは、現実的にいっておそらくない。しかし私たちは、自由と自由の相互承認の実質化のために、義務教育段階終了後の教育のあり方を、「選抜」システムから「選択」システムへと転換する必要があるのだ、と。「知識学力ゲーム」のみにおいて優劣を競うような「選抜」システムではなく、「諸基礎知識」と「学び（探究）の方法」を基礎に多様な選択肢を志向することのできる、「選択」システムへの転換である。

つまり子どもたちは、一義的な「知識学力ゲーム」によってのみ「選抜」されるのではなく、「諸基礎知識」と「学び（探究）の方法」を土台として、自らさらに探究したい「自らの教養」を、多様な選択肢の中から「選択」するのである。そうした制度を確立できれば、義務教育段階における学力の本質を「諸基礎知識」と「学び（探求）の方法」とし、それ以降の教育機会において育成される〈教養＝力能〉を「自らの教養」として描き直すことは、十分可能になるだろう。もちろん、「知識学力ゲーム」による厳しい選抜を行う高校も一定あっていいし、またそれは必要なことでもあるだろう。しかしゲームは多様であった方がいい。中学生にとっては、卒業後に自ら育成したい「自らの教養」の選択肢が広がれば、「今」の学習の動機は総体的により高まるだろうし、何よりそもそも、青年期以降の「自らの教養」は、人それぞれの資質や関心に応じて、多様であっていいはずであるからだ。そして私は、「諸基礎知識」と「学び（探究）の方法」の育成獲得さえ十分保障できれば、こうした多様な教育のあり方は、高校段階からもっと充実させて実施してもいいのではないかと思う。

もちろんこのことは、子どもたちは中学卒業段階において自らの将来の進路を決定すべきである、などというわけではない。むしろ私たちは、教育を「やり直し」や「学び直し」のきくものとして構想していく必要がある。「共通基礎教養」の確実な獲得は、その土台となるはずのものである。

社会のゲームは、多様であった方が人々にとって生きやすい。ゲームがたとえば経済ゲーム一つだけであったとすれば、そこにおいて人々は自ずと序列化され、〈自由〉を享受できる人とそうでない人とが、著しい格差を伴って必ず生まれてしまうからである。「生き方の多様性」に開かれた社会をつくるためにも、中学までの「共通基礎教養」の獲得の保障と、それ以降の「自らの教養」の多様性の担保を、制度として構想することが必要なのではないかと私は思う。

その具体的な教育構想については、今後の課題としたいと思う。先述したように、この構想はきわめて広い、そしてまた長期的な視野をもって現実化していく必要がある。しかし少なくとも私は、教育がその育成獲得を保障すべき〈教養＝力能〉は、学力という意味においては、「諸基礎知識」と「学び（探究）の方法」であり、そしてこれを土台とした「自らの教養」であると、明言していいのではないかと思う。

（二）相互承認の感度＝ルール感覚

さて、義務教育段階においてその育成を保障すべき「共通基礎教養」には、もう一つ重要な本質がある。「相互承認の感度」、すなわちルール感覚がそれである。何度も述べてきたように、自らが〈自由〉になるためには、他者の〈自由〉もまた承認できる存在たり得なければならないからである。

もっともルールとは、それ自体として決して犯すべからざるものであるわけではない。むしろルールは、私たちが互いのよりよい関係のために、常に作り直し、また編み直し合っていけるものである。このことを、私たちはまず十分理解しておく必要がある。

しかしまさにそのためにこそ、私たちはまずもってルールを守るべきことを知らなければならないのである。互いがルールを守ることができる者同士でなければ、これをよりよいものへと変えていくこと自体に、意味がなくなってしまうからである。

アーレントは、私たちには社会的存在として「約束を守る」能力が必要であるといっているが、それは先にいったように、ただルールがそれ自体として神聖であるからではなく、この能力を有していることが、社会的な「許し」の条件であるからだ。つまり、私たちが人を許すことができるのは、今回は過ちを犯してしまったかも知れないが、しかし本来、彼／彼女は、約束を守ることができる人だと信じているからなのである。「許しと約束の能力」、アーレントはこれを、私たちが社会生活を営むにあたっての最も重要な、いわば〈教養＝力能〉として提示した[62]。

一度の過ちも許されない厳罰主義的な社会より、互いが互いに許し合うことのできる寛容な社会の方が、私たちは豊かな社会だといえるだろう。お互いがお互いに、一定程度までであればやり直しがきくことを認め合える社会は、可能性に開かれた社会だといえるだろう。しかしまさにだからこそ、私たちには「約束の能力」が求められるのである。この能力こそが、社会における相互寛容の条件であるからだ。

それゆえ、この能力獲得までの過程、あるいはこの能力を有した一人前の〈自由〉な個人として認められるまでの過程は、子どもたちにとってしばしばつらい時期になるだろう。カントがいうように、「この時代には訓練はきびしく、真の友はまれにしか得られず、自由を得ることにいたってはなお一層まれ」[63]であるかも知れない。しかしそれは、まさに〈自由〉を得るための、必要不可欠な過程なのである。『法哲学講義』において、ヘーゲルは次のようにいっている。


（教育の）根本にあるのは、人間が人格であり、人間的自由を獲得すべく教育され、教育が終了すると、自立した自由な人格として放置される、という事実であって、これはゆるがせにできぬ人間の法（正義）です。[64]

「教育が終了する」などというと、いや、教育は生涯終わらないものである、と先にも触れた生涯学習の概念が持ち出されるかも知れない。それはもちろんその通りだが、ここでヘーゲルがいっているのは、あくまでも、子どもたちを「自立した自由な人格」として育成することを法的に（権利として）保障する教育のことである。だからこそこれが「正義」（Recht）であるといわれるのである。コンドルセの言葉を再び借りれば、まさに「公教育は社会の義務」なのだ。

しかしその上で、私たちは次のようにいわなければならない。ルールに従うということが、ただ単に服従のための服従、つまり、その意味を全く理解し得ない服従であってはならないと。ヘーゲルはいう。子どもたちのわがままな意志は「こわされねばならないが、暴力的にこわされてはならず、服従が強要されては」ならないのだと。[65] なぜなら、「子ども自身、教育される必要を感じ、みずから立派な人間になりたいと思ってい」るはずであるからだ。「子どもがおのれの自立と自由を予感するからこそ、そういう思いがうまれるので、教育はこの予感に沿っておこなわれねばならない」[66] のである。

子どもの頃、私たちは大人たちの設定したルールを疎《うと》ましく思い、しばしばこれを破ることに快感さえも覚える。それはそれとして、教育的には重要な意義を持った過程である。なぜならそれは、私たちの中に〈自由〉の感度が育ってきた証拠であるからだ。そしてまた、ルールは絶対神聖な犯すべからざるものではなく、必要とあれば変えていくことができるものであるという、そのような感度の芽生えでもあるからだ。

しかしだからこそ、教育者はそうした過程と向き合い、そこに子どもたちの〈自由〉になりたいという欲望を感じ取り、そしてまさにそのためにこそ、彼ら／彼女らは他者の〈自由〉をもまた承認しうる存在たり得なければならないのだということを、生活経験を通して教えていく必要があるのである。「学力」に加えてこの「相互承認の感度」を育むことこそ、教師の仕事の本質である。

ではそれはどのようにすれば可能か。その具体的なアイデアについては、次章で考察することにしたいと思う。

以上論じてきた、教育が育成獲得を保障すべき〈教養＝力能〉の本質をまとめておこう。それはまず、義務教育段階においては、1. 重要な「諸基礎知識」、2. 「学び（探究）の方法」、そして3.

「相互承認の感度（ルール感覚）」である。これらをまとめて「共通基礎教養」と呼ぶとするならば、この教養を土台とした、より専門的、より探究的、そして自らにとってこそ重要な〈教養＝力能〉が、「自らの教養」である。社会は、義務教育終了後におけるこの多様な「自らの教養」を育むことのできる教育機会もまた、より豊富に充実させていく必要がある。

五　子どもの権利

右に述べてきたことを踏まえて、ここでいわゆる「子どもの権利」についても付言しておきたい。これまで見てきたように、教育は子どもたちの〈自由〉を時間をかけて実質化していく営みである。ということは、逆にいえば、子どもたちは十分な〈教養＝力能〉が獲得されるまでは――特に〈自由の相互承認〉の感度が育まれるまでは――一般的にはまだ十全に〈自由〉な社会的存在とは認められないということになる。[67]

しかし大急ぎで付け加えなければならない。その代わり、社会は子どもたちを保護し、〈自由〉たりうるよう育む義務があるのだと。逆にいえば、子どもたちには、保護され、また教育を通して〈自由〉たりうるための〈教養＝力能〉を育まれる権利がある。

「子どもの権利」の本質とは、このこと以外の何ものでもない。一九八九年の国連総会で採択され翌年発効した「子どもの権利条約」は、「児童は特別な保護及び援助についての権利を享有することができる」ことを明記しているが――これは世界人権宣言に盛り込まれたものである――その原理的根拠は、右に縷々《るる》述べてきた、〈自由〉および〈自由の相互承認〉の実質化にある。つまり、社会を

〈自由の相互承認〉の原理に基づいて構想する以上、私たちは、現実的にいって未だ〈自由〉たり得ない子どもたちを、〈自由〉な存在たりうるよう育み、そしてそれまでの間特別な保護を与える義務を社会が負うとするルールを設定する必要があるわけだ。

したがって「子どもの権利」とは、子どもにはそもそも人権が備わっていて、一個の大人と同じ権利が保障されなければならないとするものではまったくない。むしろ、子どもの〈自由〉は一定制限されざるを得ないが、その代わり社会によって保護と育成が保障されるということを、社会ルールとして設定するとするものなのである。

権利、あるいは人権という言葉には、私たちには生まれながらにそのようなものが備わっているという印象を与えるところがある。天賦人権論を唱えた一七世紀イギリスの哲学者ジョン・ロックを祖として、この思想は今も連綿と続いている。

それは、ある意味では美しい思想であるし、またそれ以上に、歴史的に重要な意義も持ってきた。『権利のための闘争』の著者イェーリングがいうように、「世界中のすべての権利＝法は闘い取られたもの」[68]であったとすれば、この思想は、その闘争のための極めて大きな原動力であり、また理論的根拠となってきたものである。周知のように、アメリカ独立宣言はロックの天賦人権論から強い影響を受けている。

しかしこの人権論は、残念ながら思想的には脆弱なのである。神が私たちに生まれながらの価値を与えたかどうかは決して分からないことであるし、にもかかわらずこの主張を押し通したとするならば、では何が生まれながらの権利なのかを巡って、答えの出ない論争が続くことになるからだ。

人権の哲学を構想している金泰明《キムテミョン》氏は、これを「価値的人権原理」と呼んでいる。[69] 人間には生まれながらにそもそも価値としての人権が宿っている、とする人権論である。この考え方が答えの出ない信念対立に陥るということについては、私も第二章で「道徳・義務論的アプローチ」について論じた際に明らかにした。

代わりに金氏が提唱するのが、「ルール的人権原理」である。私たちは権利（人権）を、人間に生まれながらに備わったものであると主張することはできない。むしろそれは、〈自由の相互承認〉を実質化するために、私たちが約束事として設定したルールなのである。私たちが〈自由〉になりたいのであれば、社会を〈自由の相互承認〉の理念に基づいて設計するほかなく、そしてこの理念を実質化するために、私たちはルールの設定を必要とする。権利とは、まさにこの設定されたルールにほかならない。基本的人権をはじめとする、今日私たちが享受している様々な権利は、まさにルールとして私たちが作りまた修正し合ってきたものなのである。

では再び、「子どもの権利」とは何か。

繰り返し述べてきたように、〈自由〉になるためには一定の〈教養＝力能〉を必要とする。私たちは生まれながらにして〈自由〉であるわけではない。それは時間を追って実質化されていくものである。それゆえ私たちは、この〈教養＝力能〉の育成と、それまでの間の特別な保護を、「子どもの権利」という社会ルールとして設定し保障するのである。

〈教養＝力能〉の育成と、それまでの間の特別な保護。これが「子どもの権利」の本質である。

六　公教育の「正当性」の原理

教育とは何か、そしてそれはどうあれば「よい」といいうるか。この、教育の本質および「正当性」の原理の解明が、本書の最大の課題であった。

教育の本質については右に述べてきた。そこで本章の最後に、「正当性」の原理について論じることにしたい。

先述したように、公教育の本質論からすれば、教育は「各人の〈自由〉および社会における〈自由の相互承認〉の〈教養＝力能〉を通した実質化」が、十全に達成されている時にのみ「正当」である、ということになる。

しかし私はここで、公教育の「正当性」の原理としてあえて新しい概念を提示したいと思う。

（一）一般福祉

〈一般福祉〉の原理がそれである。

もちろんこれは、右に述べてきた公教育の本質論と別物ではない。より正確にいえば、自由および自由の相互承認の実質化という公教育の本質を、社会政策としての公教育の正当性という観点から概念化したものである。

公教育は、子ども（個人）の側から見れば、各人の〈自由〉を実質化するものという本質を持つ。他方で社会の側から見れば、それは〈自由の相互承認〉の原理を実質化する本質を持つものであった。そこで、この社会の側から見た公教育の本質を、さらに具体的に社会政策としての公教育の正当性という観点からいい直せば、公教育は、ある一部の人の自由の実質化だけを促進するものであってはならず、すべての人の自由の実質化を促進することで、相互承認を深めまた拡大し得ている時にのみ「正当」といえる、ということになる。これが、社会政策としての公教育の「正当性」の原理、すなわち〈一般福祉〉の原理である。

容易に察せられるように、この〈一般福祉〉の概念は、ルソーによって提示された権力の正当性、すなわち〈一般意志〉の原理の変奏である。つまり、〈一般意志〉を代表する時にのみ正当といいうる権力は、すべての人の福祉（＝よき生）を、すなわち〈一般福祉〉を促進することをこそ原理的使命とするのである。そしてその促進の具体的方策は何かといえば、まず何よりも、教育を含む種々の社会政策である。

この一般福祉の概念は、もともとは竹田青嗣がヘーゲルから取り出したものである。もっともヘーゲル自身の用語は、一般福祉ではなく「普遍的な福祉」（allgemeines Wohl）と訳されるものなのだが（『法の哲学』§130）、おそらく竹田は、これをルソーの一般意志と同位の概念と捉え、一般福祉としたのだろう。そしてそれは、すぐれた洞察であったと私は思う。

というのも、竹田によれば、一般福祉は社会倫理の原理であるからだ[70]。つまり、社会は〈一般福祉〉の実現あるいは促進を、倫理的な「よい」の基準に置くのである。社会的に「よい」こととはいったい何か。それは、それがすべての人の福祉、すなわち〈一般福祉〉に適《かな》っていることである。これが、社会倫理の原理としての〈一般福祉〉の概念である。

そこで私は、この〈一般福祉〉の概念を社会政策の正当性の原理として捉え直し、その意味を、社会政策はある一部の人の福祉（＝よき生）にのみ適うものであってはならず、すべての人の福祉（＝よき生）にかなうものでなければならないとする原理として、改めて提示することにしたいと思う。〈一般福祉〉という社会倫理の実現を最も端的に目的とすべきは、まず何よりも社会政策にほかならないからである。

要するに、権力の正当性の基準原理を〈一般意志〉といい表すなら、この権力が遂行する社会政策の正当性の基準原理が、〈一般福祉〉なのである。いうまでもなく、両者は全く同じ理念を意味している。権力も社会政策も、すべての人の意志＝福祉を代表している時にのみ、正当といいうるのである。[71]

前節で一般意志について論じた時にも見たように、この〈一般福祉〉が完全に達成されることは、おそらくきわめて困難なことだろう。しかし私たちが社会政策の正当性を判断する基準は、この一般福祉のほかにない。つまり一般福祉は、絶対的に達成されなければならない理想ではなく、あくまでも社会政策の「正当性」をはかる基準なのである。

これは再び、いわれてみれば当たり前の原理である。しかし、やはりこのことは、後にやや詳しく見るように、これまで十全に理解されてきたとはいい難い。改めていっておく必要がある。一般意志と同様、私たちは、何をもって一般福祉が実現されているか、その内容を絶対的に決定することはできないのだと。しかしだからといって、私たちは〈一般福祉〉を空虚な理念として捉えるにはおよばない。前節で述べたことを繰り返す形でいえば、一般福祉の原理を手にした今、私たちは次の二つの

問いへと、探究を進めることができるようになるからである。すなわち、

1．その時々の状況に応じて、どのような考え方が〈一般福祉〉の原理を最も実質化しうるといえるか、その具体的理念を実践理論として探究する。

2．どのような条件を整えればより〈一般福祉〉の原理に近づけるようになるか、その技術論を実践理論として構築する。

要するに、社会政策の正当性の基準原理を一般福祉として概念化すれば、私たちは続いて、これをできるだけ達成していくための実践理論を探究する方向へと、思考を向かわせることができるのである。前節で述べた、〈原理と実践理論の区別〉である。

（二）実践理論の展開へ

このことが今日十分自覚されておくべきなのは、これまでしばしば述べてきたように、現代正義論において〈一般意志〉が当たり前の原理として十分自覚されていなかったように、教育正義論においても、残念ながらこれまで、〈一般福祉〉が当たり前の原理として自覚されてこなかったからである。そこでここでは、従来の教育正義論について、少しだけ論じておくことにしたい。

何をもって教育は「正当」といいうるか。この問いをめぐっては、これまで通俗的な議論から理論的な議論に至るまで、激しい論争が繰り広げられてきた。通俗的な議論には、たとえば、「個性」が

尊重されている教育が正当である、とか、「愛国心」の育成を実現し得た教育こそが正当である、とかいったものがあるが、より理論的な議論では、ケネス・ハウも指摘しているように、次の三つの理論が相互に対立し、そしていずれの理論も、互いに対して原理的に優位性を主張できていないのが現状である。[72]

三つの理論とは、①リバタリアニズム、②功利主義、③リベラル平等主義である。

リバタリアニズムは、前章で触れたノージックに代表される、個々人の自己所有権の最優先を原理とする理論である。これを教育に援用すると、次のようになる。すなわち、教育における結果の不平等があるからといって、それを理由に他者の福利の増進を目的として特定の個人から財産を取り上げることは正当化され得ない。極端なところまでいけば、税金を投入しての公教育も不当であるということになる。

功利主義は、今日では通常、生産性の最大化を原理とするとされている。もっともこのように解釈される功利主義——私は通俗的功利主義と呼んでいる——は、功利主義の祖の一人であるジョン・スチュアート・ミルのそれとは大きく異なったものである。私の考えでは、ミルのアプローチはほとんど欲望論的アプローチといってよく、そして彼が提示した原理も、ほぼ一般福祉と同義だといってよい。[73]このことをここでこれ以上論じる余裕はないが、しかしともかく、様々に枝分かれした現代の功利主義は、一般的には、社会生産の最大化を正当性の原理とすると解釈される向きがある。

これを教育に援用すると、次のようになる。すなわち、すべての子どもの教育結果の平等を目指すよりは、才能ある子どもたちの教育効果を最大化することの方に教育の「正当性」がある。

最後にハウ自身が依拠するリベラル平等主義は、「どのような教育の結果がどの程度まで平等化されるべきか」を、参加的な話し合いに開くという原理に基づくものである。「参加的な話し合いに開く」ことを強調する点において、リベラル平等主義は一般福祉に最も近い。一般福祉もまた、その中身を一義的に決定することはできないことを底に据えた原理であるからだ。

しかし私の考えでは、ハウが他の二つの理論に対してリベラル平等主義の優位を主張する論拠は、「教育結果は（ある程度）平等でなければならない」という、一種のロールズ的道徳・義務論にある。実際ハウは、リバタリアニズムは平等を侵害するから正当化され得ない、といっているが、これは、リバタリアニズムがリベラル平等主義は個人の自己所有権を侵害するから正当化され得ない、ということと、原理上の権利は同等である。つまりハウの理論も、基本的には、リバタリアン的な「自己所有権」よりも「平等」の方が道徳的に正しいのだというパラダイムに基づいているのである。このような論の立て方の問題については、第二章において道徳・義務論的アプローチを批判する際に詳論したとおりである。

以上のように、教育正義論はこれまで大きく三つの理論が対立し合ってきたのだが、もはやいうまでもなく、〈一般福祉〉の原理を手にした今、私たちはこれら三つの理論を、対立的なものから相補的なものへと再構築することができるようになる。前節で種々の現代政治理論を一般意志の実践理論として編み直すことが可能であることを示したように、これらいずれの教育正義論も、やはり一般福祉の状況に応じた実践理論として編み直すことができるのだ。[74]

たとえば厳格な平等主義的リベラリズムに基づけば、前に述べた教育ヴァウチャーや学校選択制は、格差の拡大を助長するという点において決して正当性を持ち得ない考え方であるだろう。他方極端なリバタリアンであれば、むしろ、個人が選択することのできない公立学校のあり方こそが、自己所有権の侵害であると主張するだろう。

しかし私たちは次のようにいわなければならない。教育を自由化することこそ、あるいはまた、できる子をもっと伸ばすことこそが道徳的に正しいことである、とか、逆に、格差をなくすことこそが道徳的に絶対に正しいことである、とか主張されるのであってはならないのだと。

つまり、教育ヴァウチャーや学校選択制は、絶対に正しいか間違っているか、と問われてはならない問題なのである。そうではなくて、どのように考えれば、それは〈一般福祉〉に反することなく、むしろこれを促進しうるアイデアたりうるか。これだけが、教育構想の「正当性」の根本的な問い方なのである。したがって、もし仮に教育ヴァウチャーや学校選択制のアイデアが認められることがあったとするなら、それは〈一般福祉〉に適う時にのみ「正当」と認められるものである。

もっとも前にも述べたように、現状においては、これらアイデアを全面的に採用することはおそらく〈一般福祉〉に反することになる。まさにそれは、格差を拡大しまた固定化する恐れがあるからだ。ただしここで格差を問題にするのは、格差はそれ自体において道徳的に許容され得ないからではなく、その拡大と固定化が、〈一般福祉〉に反していると認められるだろうからである。

つまり私たちは、〈一般福祉〉の原理をいわばよりメタレベルの原理としておくことで、格差が問題であるのは格差が問題だからである、とか、ヴァウチャーや選択制の結果起こるであろう「学校階層化」が問題であるのは、つまり「学校階層化」それ自体が問題だからである、とかいったトートロジーに陥ることなく、なぜ「格差」や「学校階層化」が問題であるかという根拠を、さらに一段底から支える原理を得たわけである。

こうして私たちは、「格差是正」か「能力主義」か、「学校階層化是正」か「学校自由化促進」か（どちらが絶対に正しいか）、といった対立に陥ることなく、教育を構想していくことができるようになる。つまり〈一般福祉〉の原理をおくことで、私たちは、この原理に照らしてどの程度までなら「能力主義」や「個性化」「学校自由化」が許されるのか、あるいは許されないのか、といった議論をすることが可能になるのである。

したがってその意味では、きわめて制限された部分的採用であれば、ヴァウチャーや選択制が〈一般福祉〉を促進しうる可能性もある。この点については今後実証的な研究と協力して研究していく必要があるが、まさにこの実証的な課題こそが、先に述べた、「2．どのような条件を整えればより〈一般福祉〉の原理に近づけるようになるか、その技術論を実践理論として構築する」課題に当たる。

社会学や心理学などの実証的研究によって、私たちは、たとえば学校選択制によってどのような階層の人がどのような益を得たか、あるいは不利益をこうむったか、一定程度明らかにすることができる。そしてこれらのデータを、私たちは、（制限された）学校選択制等、種々の教育政策が〈一般福祉〉を向上させたか否かを判断する有効な材料とすることができるのである。

こうして、公教育の正当性の原理を〈一般福祉〉として定めることで、私たちは公教育を論じる際、これ以上遡ることのできない思考の出発点を得たことになる。そして私は次のようにいいたいと思う。このように、概念として提示されたことが重要である、と。というのも、これまでどのように公教育の正当性を論じればよいかが不明確であったのに対して、今後私たちは、あらゆる教育（社会）政策を、「それはどのような意味において〈一般福祉〉に適っている、あるいはこれを促進するといえるのか?」という観点（問い方）によって、構築・批判・評価することができるようになるからだ。

どのような教育を「よい」といえるかを論じるにあたって、私たちはもはや、それが「個性」を育成しているかどうか、とか、「愛国心」を育成しているかどうか、とか、あるいは個人の自己所有権が完全に守られているかとか社会の生産を最大化しているかとかいう観点から始めることはできない。これらはあくまでも、〈一般福祉〉原理を達成するための、状況に応じた実践理論として捉え直される必要があるのである。

第四章

実践理論の展開序説

1　教育方法の根本発想

教育の本質、および正当性の原理が解明された今、私たちはようやく、実りある教育実践のための諸実践理論を展開していく足場を手に入れることができたといっていいだろう。そして教育学が蓄積してきた様々な知見は、ここへ来てようやく、その本領を存分に発揮することができるようになるはずである。第一章で論じたように、「規範欠如」のアポリアを抱えていた教育学に最も必要とされていたのは、まさに「規範」、すなわち教育の「よい」の基準原理であったからである。

そこで本章では、前章で解明した原理を土台に、諸実践理論の構築に着手することにしたい。もっとも実践理論の展開といっても、その内実は、教育方法論から行政・制度論におよぶまで多岐にわたる。しかし前章で論じたように、その基本発想はシンプルである。

何のための教育か。それは、子どもたちの〈自由〉を実質化し、そして同時に、社会における〈自由の相互承認〉の原理を実質化するためである。どのような教育政策が「よい」政策か。それは、〈一般福祉〉に適う、あるいはこれを促進しうる政策である。実践理論とは、この原理（目的）を達成するための、状況に応じた諸方法にほかならない。

つまり私たちは、教育（授業）の方法を考える時も、教師と子どもの関係を考える時も、教師の役割や資質について考える時も、またどのような教育施策を展開していくかを考える時も、常にこの

「原理」に立ち返り、この原理（目的）を達成するために何ができるか、あるいは何をすべきかと問い合いながら、実践理論を展開していくことができるのである。

そこで本章では、実践理論を展開するにあたってとりわけ重要なテーマと思われる次の三つに焦点を合わせ、その最も根本的な「考え方」を明らかにしたいと思う。

一つは、教育方法（授業方法、指導法）の根本的な考え方について、二つは、「よい」教師の条件あるいは資質について、そして最後に、「よい」教育行政のあり方についてである。

先述したように、教育学は、これら諸テーマについての具体的アイデア（実践理論）をこれまで数多く蓄積してきた。ただ、「規範欠如」のアポリアを抱える現代の教育学は、これらせっかくの研究蓄積を、十分活かし切れてこなかったのが実情である。ほんとうにそれらアイデアが「よい」といいうるのかどうか、はっきりと判断する指針がないために、教育理論はこれまでしばしば、素朴な信念の押しつけ合いにも似たことを、長い間繰り返してきたのである。

たとえば教育方法をめぐっては、今もなお、「経験主義」と「系統主義」の間で、対立やすれ違いが続いている。教育の方法は、子どもたちの経験や興味・関心を重視するものであるべきだ、という立場と、いや、社会には興味・関心にかかわりなく教え込むべきものがある、という立場の対立である。

両者はこれまで長い間対立し合ってきたが、その一方で、どちらの立場も、それぞれの目的（信念）に沿った有効な実践理論を数多く蓄積し続けてきた。経験主義には今やきわめて洗練された探究的・協同的な学習の方法論があるし、系統主義もまた、ドリル学習をはじめとする有効な方法論を多数開発してきた。その意味では、両者が互いに互いの正しさを主張し合っていがみ合うのは、せっかくの双方の実践知を活かし合うことができずにいるという意味で、不幸な信念対立というほかない。

この対立をどう解消するかは長い間教育（学）における重要テーマだったが、教育の本質と正当性の原理が明らかにされた今、私たちはこの両者を、原理的な次元から解消することが可能になったはずである。再び、〈原理と実践理論の区別〉を自覚するなら、どちらの立場も、まさに教育の本質（原理）を達成するための状況に応じた相補的な実践理論として、編み直すことができるからである。

あちらとこちら、どちらが正しいかという問いが、「問い方のマジック」に陥った問いの立て方そのものの誤りであることについては、これまで繰り返し述べてきた。私たちはそろそろ、「経験主義」と「系統主義」の対立をはじめとする教育をめぐるさまざまな対立を、根本的に解消する必要がある。そうして、これまで様々な立場によって蓄積されてきた時に対立さえし合う実践理論の数々を、むしろ相補的な、活かし合える理論として再構築する必要がある。

そこで以下では、先述した三つのテーマをめぐる実践理論構築の際、何が最も根本的な考え方になりうるかを明らかにしたいと思う。そのいわば実践理論の原理ともいうべき考え方が明らかになれば、これまで対立し合ってきた諸理論を、互いに活かし合える理論として再構築することができるはずである。

一　「経験」か「教え込み」か

本節では、まず右に述べた「経験主義」と「系統主義」の対立を解消しつつ、教育方法（授業方法、指導法）について私たちはどのように考えればよいのか、その根本的な発想（考え方）について明らかにしたい。

（一）経験主義とその批判

いうまでもなく、現代教育における「経験主義」の祖とされているのはデューイである。デューイは次のようにいっている。

> 一オンスの経験の方が一トンの理論に優るのは、どんな理論でも、経験においてはじめて、生きた、検証可能な意味をもつからにほかならない。[1]

この言葉は、その後の経験主義教育における、一種の合い言葉にも似た影響力をふるってきたように思われる。そしてこの経験主義教育の登場以来、教育界には、一〇〇年以上にわたる経験主義と系統主義の対立が繰り広げられてきた。よく知られているように、カリキュラム編成もまた、特に日本やアメリカなどでは、経験カリキュラムと教科カリキュラムの間をもう数十年にわたって行きつ戻りつし続けてきた経緯がある。

しかしあらかじめいっておく必要がある。経験主義教育は、これに与するのであれ批判するのであれ、デューイの思想を拡大解釈する形でほとんどの場合受け取られてきたのだと。

極端な経験主義は、一切の「教え込み」を排し、教育のすべてを子どもたちの興味・関心を活かした直接経験によって行うべきだと主張する。他方経験主義の批判者たちは、そうした教育をかつては「這い回る経験主義」といって揶揄し、また現代では、後述するように、社会的観点からその問題を指摘し続けている。

しかしデューイは、決して、一切の「教え込み」を排し教育のすべてを直接的な経験に基づいて行うべきだと論じたわけではない。むしろデューイは、「経験」と「教え込み」が対立するものではないということを、再三にわたって強調していた。より正確にいえば、デューイにおける経験主義教育の要諦は、たとえ「教え込み」という方法を採るのであったにせよ、それは、それが子どもたちの「経験」にとって意味ある「経験」とならない限り無意味である、ということを主張することにあったのである。[2]

ところがこれまで多くのデューイ主義者たちは、デューイは何よりも直接的な経験に基づく教育のみを重視したのだと考え、それを経験主義教育と呼んできた。もっともその原因は、後述するようにデューイにおける「経験」概念の曖昧さにもあっただろう。[3]しかしいずれにせよ、デューイ以降の経験主義が、しばしば偏った経験至上主義を主張してきたことは否めないように思われる。

もちろん、できるだけ興味や経験に根ざした学習であればあるほど、楽しく、持続的で、また「身につく」ことは間違いないだろう。今日経験主義を批判する論者も、そのことを真正面から否定する者はまずいない。しかしそれでもなお今日経験主義批判が盛んであるのは、批判者たちが、先述したように、経験主義教育がもたらす社会的な問題に目を向けているからである。

経験主義に対する現代的批判には、大きく二つの強調点がある。

一つは、たとえばアーレントがいっているように、素朴な経験主義が大人たちの教育責任の放棄につながりかねないという批判である。アーレントは次のようにいっている。

権威を見捨てたのは、大人であった。これが意味するのはほかでもない、大人は子供を世界のうちに導き入れながら、その世界への責任を負うのを拒絶している、ということである。[4]

前章で論じたように、子どもはまだ一人前の〈自由〉な人格としては認められない、一定の制限を課された存在であらざるを得ない。しかしその代わりに、社会は子どもたちに〈自由〉を獲得するための〈教養＝力能〉の育成獲得を保障し、そしてまた、それまでの間の特別な保護を与えることを、必ず保障しなければならない。それが「子どもの権利」の本質であった。

しかし経験主義における「子ども中心主義」の思想は、この子どもの権利の本質を見誤り、素朴に「子どもの世界を絶対化」することで、かえって子どもたちを、この厳しい現実世界に何の保護もなくさらしてしまった。そうアーレントは主張するのである。

この点については、苅谷剛彦氏もまた同様に、「外部からの抑圧や介入を嫌う大人たち」が、「教育とは、本質的にそうした介入や抑圧を含む営みであることを忘れて、妥協の産物でしかないカギカッコ付きの『子どもの主体性の尊重』」を標榜し、それが「そのまま大人になった時の『主体性』を保証する教育だと勘違い[5]」してきたのだといっている。

しかし繰り返しいっておきたいが、こうした批判は、デューイには決して当てはまらないものである。『民主主義と教育』第一章において、デューイは次のようにいっている。

社会集団の目標や習慣を知らないばかりでなく、それらに全く無関心な状態で生まれてくるものたちにそれらを知らせ、積極的な関心を抱かせなければならないのである。教育が、ただ教育だけがそのギャップを埋めるのである。[6]

探究的で協同的な経験主義教育は、デューイにとって、まさにこの「ギャップを埋める」ための最良の方法だった。したがってアーレントや苅谷氏の「子ども中心主義」批判は、その祖とされるデューイ自身には当たらない（実際両者の批判は、デューイに直接向けられたものではない）。しかし、彼以降、急速に広まった経験主義教育には、右にみたような批判が、かなりの程度当てはまってきたこともまた事実であるように思われる。

現代における今一つの経験主義批判は、経験主義それ自体に対してというよりは、経験主義を一つの要素とする、「新しい学力観」に対する批判である。

第一章でも述べたように、従来の「知識・理解」を中心とする学力観から、「関心・意欲・態度」への転換をはかった新学力観は、かえって学力の社会階層間格差を拡大するという結果をもたらした。「自ら学び、自ら考える力」の育成のために、学校では「多少の知識の伝達を犠牲にしてもかまわない」とされることになったが、その結果、「自ら学び、自ら考える力」をより育むことができたのは、実のところほとんどが、学校外に豊富な教育機会を持つことでより多くの基礎知識を獲得できた、比較的富裕な層の子どもたちだったのである。それゆえ今日、格差拡大を防ぐためにも、学校教育においては知識の習得にこそ主眼を置くべきだと論じられている。[7]

要するに、子どもたちが社会で生きていくためには、現実的にいって、結局のところ興味や経験にかかわりなく一定の知識が教え込まれる必要があるし、またそれこそが大人の責任であり、そしてそのことがまた、格差拡大を防ぐ重要な教育の手だてでもある。これが、現代における経験主義批判の強調点なのである。

（二）「経験」概念を編み直す

さて、しかし私の考えでは、この対立あるいはすれ違いの最も根本的な原因は、「経験」概念をめぐる、そもそもの認識のずれあるいは曖昧さにある。

実は、経験主義教育における「経験」概念の曖昧さは、先にも述べたようにデューイの教育思想にもそもそも見られるものである。[8] それは彼の経験主義哲学における「経験」概念の豊穣さともいえなくはないが、教育学の観点からすれば、そのことが、これまで経験主義と系統主義の対立の一つの大きな要因となってきたことは否めない。

そこで私は、特にデューイ教育思想における「経験」概念を、まずは次のように編み直すことを提案したい。そしてそのことが、「経験主義」と「教え込み」の対立を、原理的な次元から解消する考え方になるといいたいと思う。

デューイのいう「経験」の概念を、私たちは次の二つに明確に区別して考える必要がある。

一つは、学習・探究の原理としての「経験」、もう一つは、教育の一方法としての「経験」の概念である。

学習・探究の原理としての「経験」の概念は、私たちの学習・探究は、何らかの経験においてしかなされ得ないということをいい表したものである。徹底的に自発的で直接的な経験からであれ、あるいはいやいや勉強させられるという強制的な経験からであれ、私たちの学習・探究は、常に何らかの経験においてしかなされ得ない。

実は、デューイ教育論の根幹にある彼の経験主義哲学の本質は、このこと以外の何ものでもない。より正確にいうと、デューイは、私たちの「経験」から離れた絶対的な真理（知識）があるのではなく、私たちが手にする知識は、常に私たちの「経験」において獲得されるもの以外にあり得ない、と主張したのである。

ちなみに、これは現象学にとてもよく似た哲学原理である。[9] 現象学は、絶対的真理や事実それ自体を私たちが認識することはできないが、私たちが何らかの「確信」を抱いているということについては疑えないとして、この「確信」から思考を出発させるものだった。デューイもまた、「経験」を超えた絶対的真理があるのではなく、私たちは一切を自らの「経験」において考えるほかないと主張した。

われわれは、実在についての唯一の知識を得ようなどと努める必要はない。われわれがそれを経験するものとしての世界が、実際の世界なのである。[10]

したがってデューイは次のようにいう。私たちは、何が絶対的な知識かではなく、何が「経験」にとって有用な知識であるかを問うべきなのだと。デューイは現象学と同じように、そして同じ時代に、絶対的真理を問うのではない哲学のあり方を探究したのである。[11]

さて、しかしこのような哲学的「経験」概念は、教育の一方法としての「経験」概念とは明確に区別されるべきものである。

日常の教育活動で私たちが「経験」という時、それは、できるだけ直接的な経験を活かした教育、とか、生活経験を活かした学習、とか、あるいは豊かな経験をさせる、とかいう風に、教育の方法を意味して用いるのが一般的である。つまりこの意味での「経験」は、一切は「経験」において立ち現れる、というような哲学的概念ではなく、あくまで教育の一方法としての概念なのである。

ナイーヴな経験主義は、この哲学原理としての「経験」と教育の一方法としての「経験」とを、混同してしまう嫌いがあったように思われる。それゆえ、一切は「経験」であるとするデューイの言葉を、一切の教育方法もまた直接的な「経験」から始めるべきであると、偏った解釈をしてしまったように思われる。

しかし教育方法としての「経験」は、あくまでも教育における一つの方法なのであって、それゆえ経験主義が一切をこの方法に終始しなければならないとするのであれば、それは「方法の自己目的化」[12]に陥った考え方といわざるを得ないだろう。できるだけ直接的な「経験」を活かした教育の方法は、繰り返すがあくまで一つの――しかしいうまでもなくきわめて重要な――方法なのである。

そこで、経験主義教育における「経験」の概念を、教育の一方法としての経験として改めて自覚的に捉え直すならば、私たちは経験主義と系統主義の対立を、次のような仕方で、呆気ないほど簡単に解消することができるようになる。

二　目的・状況相関的方法選択

方法としての「経験」は、それが方法である限り、目的や状況に応じて使い分ければいい一つの方法である。つまり、その時々の状況に応じて、できるだけ直接的な「経験」を活かした方が有効な時もあれば、逆に、言葉はあまりよくないが、教え込んだ方が有効な時もあるのである。要するに「経験」と「教え込み」は、決して対立し合うものではなく、むしろ相補的な教育方法なのである。

これを、教育方法の原理として、「目的・状況相関的方法選択」と呼ぶことにしたい。これは、『方法』とは（一）ある現実的制約（状況）の中で、（二）特定の目的を達成するための手段である[13]」として、西條剛央氏によって提示された「方法の原理」から想を得た考え方である。[14]

絶対に正しい教育方法などはあり得ない。したがって問われるべきはその有効性であり、そしてそれは、目的や状況に応じて変わりうるし、また変わるべきである。これが、教育方法を考える際、常に意識しておく必要がある「目的・状況相関的方法選択」の原理である。

これは、優れた力量を持った教師にとっては、いわれるまでもなく自明の原理であるだろう。しかしこのことを十分意識的に実践することは、意外と容易《たやす》いことではない。

たとえばベテラン教師の方が、自分の教育方法に固執してしまうということも往々にして起こる。

子どもたちには絶対にノートを真剣に取らせる、とか、授業中は絶対に私語を許さず緊迫感のある教室を作る、とかいった具合である。

しかしこうした方法は、決して絶対に正しいといえるものではない。子どもによっては、ノートを取らずに先生を見ている方が頭に入るということもあるかも知れない。緊迫感のある教室では、緊張して集中することができなくなるという子どももいるだろう。そうした個別状況を省みずに自分の方法を（無意識に）絶対化・一般化してしまうことは、決して「よい」教育方法とはいえないだろう。それゆえ「目的・状況相関的方法選択」の自覚とその熟練は、力量ある教師の一つの条件といっていい。

そしてここでいう「目的」の、その最も根本的なものこそが、これまで述べてきた教育の本質、すなわち、各人の〈自由〉および社会における〈自由の相互承認〉の実質化なのである。このいわば「メタ目的」ともいうべき教育の根本目的を達成するために、教師はその時々のいわば「個別目的」を設定する。教師が作成する学習指導案でいうところの、「単元の目標」や「本時の目標」がそれに当たるだろう。[15] 漢字の学習や、九九の習得、あるいは友達の話を聞くとか自分の考えを伝えるとかいった個別目的がそうである。

ちなみにここに挙げた、漢字の学習や九九の習得といった「目的」であれば、多くの「状況」において、再び言葉はよくないが、「教え込み」の方法はある程度有効性を持ちうるといっていいだろう。しかし他方、友達の話を聞くとか自分の考えを伝えるとかいった「目的」の場合は、できるだけ直接的な経験を通した方法の方がやはり有効だろう。このように私たちは、その時々の目的や状況――子どもたちの発達段階[16]、学級規模、生徒間の関係、生徒と教師の関係、あるいは緊急度など、指導案でいうところの「児童生徒の実態」や「教材の性質」など――に応じて、最も有効な方法を柔軟に選択あるいは構築していくことができるし、またそうする必要があるのである。

もっとも、デューイが繰り返し論じたように、たとえ「教え込み」の方法を採るのであったにせよ、そこで与えられた知識が子どもたちの（哲学的な意味における）「経験」にとって意味を持たない限り、それは無意味な教育である。それゆえいうまでもなく、教育方法は常に、いかにして子どもたちにとって意味のある「学習経験」を作ることができるか、熟慮して開発される必要がある。

前章でも論じたように、義務教育段階において獲得が保障されるべき学力の本質は、「諸基礎知識」に加えて「学び（探究）の方法」である。それは最も根本的には、自らの「経験」を通して得た問題意識を、自らの探究や協同の探究によって解決していくことで育まれていくものであるだろう。したがってその意味では、（教育の一方法としての）「経験」をできるだけ重視した教育の重要性は、どれだけ強調してもし過ぎることはない。

しかしそのことさえ十分自覚していれば、教育の方法は、その時々の目的や状況に応じて可変的であるし、またそうであるべきなのだ。教育方法の原理、それは、「目的・状況相関的方法選択」なのである。

以上、「目的・状況相関的方法選択」の原理によって、教育における「経験主義」と「系統主義」の対立を解消する理路を明らかにした。私たちは両者を対立的に捉える必要はまったくない。いずれも、その時々の目的や状況に応じて選択あるいは組み合わせればよい、相補的な方法であるからだ。

このことが理解されれば、今後私たちは、これまで教育学が開発してきた様々な教育方法（授業方法、指導法）を、まさに目的や状況に応じた諸実践理論として、より豊かに編み直していくことができるようになるだろう。

2 「よい」教師とは

教育の本質および正当性の原理に基づいた実践理論として、本節では続いて、「よい」教師の資質について論じたい。

これまで述べてきたことから明らかな通り、子どもたちの「よい」成長とは、〈自由〉ができるだけ十全に実質化されていくことにある。したがって教師の仕事の本質は、まさにこの成長＝〈自由〉をより充実させ実質化していくことにある。

しかしこの〈自由〉の実質化とは、具体的にはいったい何を意味するのだろうか。

私の考えでは、それは次の三つの承認が充実し成熟していくことにある。すなわち、①自己承認、②他者の承認、そして、③他者からの承認である。自らの価値を認め、他者の自由を承認し、そしてそのことによって他者からもまた承認されること。前章で論じたことを踏まえるならば、これら三つの承認は、子どもたちの〈自由〉、すなわち、「生きたいように生きたい」という欲望を十全に適えるための、最も本質的な条件であるといっていいだろう。

そこで以下、これら三つの承認の成熟のために、教師に求められる資質を明らかにしていこう。

一　信頼と忍耐

まず自己承認についてから論じよう。

自らに対する一定の承認は、〈自由〉の感度を得るために不可欠なものである。自己不信、自己不安、自己嫌悪……。こうした著しい「自己価値承認」の欠落は、「生きたいように生きたい」という〈自由〉への欲望を根底から崩し去る、最も深刻な自由の感度の欠如であるだろう。

教育によって育まれる〈教養＝力能〉は、こうした自己不全感から脱け出すための重要なきっかけの一つである。それゆえ教師はこの育成獲得をやはり最大の役割とするべきであるし、またその過程において、過度に子どもたちの自信を失わせるような実践に陥ってはいないか、たえず振り返る必要があるだろう。

しかし私は、こうした〈教養＝力能〉育成に加えて、いや、むしろそれに先立って、教師には、子どもたちの自己承認をより深くから支える、さらに重要な本質的役割があるといいたいと思う。

子どもたちへの「信頼」がそれである。特に幼い子どもたちの成長にかかわる教師にとっては、それは親の愛に象徴される、無条件の信頼に近いものである。深く信頼されるという原初的経験は、その後の子どもたちの「自己承認」の、普段は意識されることはなかったとしても、内に根ざした大きな支えになるはずであるからだ。
心理学者の山竹伸二氏はこれを「親和的承認」と呼び、その重要性について次のようにいってい
る。

親から親和的承認を得ることができず、親の要求や期待、命令が、認められる条件、愛される条件になってしまうと、子どもは自分の自然な感情を抑制し、親の愛と承認を得るために無理な努力をするようになる。[17]

親和的承認がきわめて不十分にしか得られない子どもたちは、「自らの存在価値に自信が持てないまま大人になり、絶えず他者の視線に怯え、他者の評価に過剰反応するようになる」[18]ことが多いと山竹氏は指摘する。無条件の親和的承認は、自己承認のための重要な条件なのである。

しかし残念ながら、子どもたちの誰もが良好な親子関係に恵まれて育つわけではない。育児放棄や児童虐待などが現代では大きく問題化されているが、親子関係はいつの時代も、多様な形をとって、子どもたちにとっての親和的承認の源泉である一方、これを粉微塵《こなみじん》にしてしまう原体験ともなってきた。

だからこそ、私は次のようにいいたいと思う。教育の重要な役割は、ここにこそあるのだと。教育こそが、たとえどんな親の元に生まれたにせよ、子どもたちにとっての親和的承認の砦であるべきなのだと。

教師の子どもたちに対する絶大な「信頼」は、そのための最も重要な条件である。

二〇世紀ドイツの教育哲学者、オットー・フリードリヒ・ボルノーもまた、教育関係における最も重要なキーワードとして「信頼」を挙げている。悲惨な大戦の時代を生きたボルノーは、人間への不信や絶望が支配する時代にあって、それでもなお私たちが生き続けなければならないのであるとするなら、意義深い生を欲するのであるとするなら、私たちが失ってはならないものがあると主張した。

それは「希望」だ。

人はどうすれば「希望」を持って生きていくことができるのか。ボルノーはいう。その最大の条件は、「信頼」にある。自分を信頼し、人を信頼し、社会を信頼し、そして未来を信頼することにあるのだと。

しかしボルノーはいう。人を「信頼」し自分を「信頼」することは、とても難しい。この不信の時代にあって、私たちはどうやって信頼を手に入れることができるだろうか。

それは「信頼される」ことを知ることによってである。これがボルノーの洞察だった。そしていう。ここにこそ、教育の最も重要な役割があるのだと。

とりわけ幼い子どもたちの教育にかかわる教師は、どこまでも子どもたちを信頼できるのでなければならない。そのことによって、信頼し合うことの希望へと、子どもたちを育んでいくことができるのでなければならない。そうボルノーは主張した。


この関係の不可欠の前提は、やはり信頼することである。私の言っているのは小さな子供がそのなかで育つ一般的な信頼の雰囲気のことばかりでなく、教育者が多くの困難と失望にもかかわらず繰り返し個々の子供に与える、きわめて具体的な信頼なのである。[19]

しかしこうした「具体的な信頼」は、まずたいてい裏切られることになる。それも繰り返し、裏切られ続けることになる。何度も嘘をつく、何度も物を盗む、何度いっても喧嘩をやめない、宿題をやってこない……。それゆえ教師は、子どもたちへの信頼を失ってしまいがちである。そしてまた、いつまでも態度がよくならない子どもたちを見て、周囲の大人たちは、それを教師の力量不足のゆえだと判断してしまいがちである。

しかしボルノーはいう。それは大きな過ちである、と。教師はむしろ、なお子どもたちを信頼し続けるべきなのだ。それはもちろん、教師の身勝手な思い込みや過度の期待のことではない。子どもたちの「成長」を、信頼し続けようという意志のことである。

子どもたちをただ叱りつけ、疑い深く接し、時に打擲《ちょうちゃく》することは容易いことだ。それは短期的には、子どもたちの態度を改めさせることに成功するかも知れない。しかし子どもたちは、自分が信頼されていないことを察知するや否や、親や教師に心を閉ざす。「お前は信用できないから」「どうせまた嘘をつくんだろう」「お前にできるわけがない」……。疑われれば疑われるほど、子どもたちは反抗心を強め、そして大人への信頼を失っていく。

しかし子どもたちは、親や教師に信頼されれば、その信頼を裏切りたくはない、と思うのだ。裏切られても裏切られても、子どもたちへの信頼を失わずにかかわり続けること。そうすれば子どもたちは、いつかその信頼に、応えたい、応えうる人間になりたいと願い、そうして自らを成長させていく。

だからこそボルノーは、「信頼」に続けて教師のさらなる資質を次のようにいうのである。

教育者があらゆる不可避な後退と失望ののちにも勇気を失わないように、大きな心の安定とそれに基づく忍耐が必要である。忍耐は教育者の大きな美徳であり、忍耐の欠如はその大きな欠陥なのである。[20]

子どもたちへの信頼は、たいてい裏切られ、教師は失望させられることになる。しかしそれでもなお、子どもたちを信頼し続けること。そのような意志を持ち続けること。そうした忍耐力が、教師には求められるのだ。

信頼と忍耐。その重要性については、一八世紀スイスにおいて貧民の子どもたちのための教育を行ったヨハン・ハインリッヒ・ペスタロッチや[21]、「アメリカ国民の教師」と呼ばれた一九世紀の思想家ラルフ・ウォルドー・エマソンなど、優れた洞察力をもった実践家や思想家たちによってもまた、繰り返し論じられてきたことである。エマソンの次の言葉を紹介しておこう。

だから、幼い子どもや若者を尊重するためには、疑いなく、まれにみる忍耐力が必要なのである。魂がもつ、矯正力に対する信頼という忍耐力が。あなたは子どもの快楽主義をみるだろう。

彼らが、彼らの人格に力と安定を与えるものへの、好みも認識力も欠いていることをみるだろう。まさにそのとおりなのだ。しかし、彼はそれ以上の何かをもっている。[22]

信頼と忍耐は、時代を超えた教育の秘訣であり、そしてまた、教師にとって最も重要な資質である。

二　権威

さて、しかし子どもたちは、いつまでも親和的承認や無条件の信頼の中に、止まり続けることができるわけではない。子どもたちの第一の成長は、心理学者エーリッヒ・フロムの言葉でいえば、「第一次的絆」を次第に断ち切っていくことにある。[23] あるいは先の山竹氏の言葉を借りれば、親和的承認から「集団的承認」のステージへと移行していくことにある。[24] 要するに、子どもたちは友人や見知らぬ「他者」たちからの承認を得られる存在へと、徐々に成長していく必要があるわけだ。

その際、〈教養＝力能〉の獲得は、他者からの承認を得るための不可欠の条件である。中でも前章で述べた「相互承認の感度」、すなわちルール感覚は、とりわけ必須の〈教養〉である。再三述べてきたように、他者からの承認を得るためには、自らが他者を承認できる存在たり得なければならないからだ。

そこで教育は、この相互承認の感度（ルール感覚）を、いわば生活経験を通して育む必要がある。子どもたちはまず、自身の生まれ育った環境から学校環境へと開かれることで、世界には多様な人間が存在しているということを知る必要がある。そしてその中で、様々な摩擦や関係のよろこびを経験しながら、他者を一個の人格として尊重することを学ぶのである。

この時、日々生じる子どもたち同士の摩擦や関係性の成熟などを見守りながら、そこに相互承認のルール感覚を徐々に醸成していく存在こそが、まさに教師にほかならない。ルール感覚の育成における教師の役割は、いうまでもなくきわめて重要である。

ではその際、教師にはどのような資質が求められているだろうか。

まずそれは、ただ無闇にルールを守らせようとする高圧的な力であってはならない。

不朽の教育名著『エミール』を書いたルソーは、そうした高圧的な教育のあり方を次のように批判している。

幼い子どもたちにとって、ルールは破れば叱られるもの、守れば褒められるもの、という、いわば快不快原則によって認識されているに過ぎないものである。したがって、あれをしてはいけない、これをしてはいけない、というルールをただ押しつけることは、「褒美《ほうび》をせしめるために、あるいは罰をまぬがれるために、ごまかしたり、うそをついたりすることを教えることになる」。ルールを強要することは、かえって子どもたちの欺瞞を育むことになってしまうのである。

そこでルソーは次のようにいう。

生徒にはただ、かれが弱い者であること、そしてあなたがたが強い者であることをわからせるがいい。かれの状態とあなたがたの状態とによってかれが必然的にあなたがたに依存していることをわからせるがいい。[25]

無闇にルールを押しつけるのではない。子どもたちは、強く頼るべき存在には、むしろ「従いたい」とさえ思うだろう。ルソーはそのようにいうのである。

ルドルフ・シュタイナーというユニークな思想家もまた、特に七歳から一四歳くらいまでの子どもには、尊敬し畏敬できる権威ある大人を求める傾向があり、したがってこの時期に、「限りない尊敬をもって見上げることのできるような人物」[26]に出会えることは、教育において最も重要なことの一つであるといっている。

それは、この人に承認されるような自分になりたいという欲望が、子どもたちの中に強く芽生えるようになるからである。そしてこの欲望が、自らにルールを課していく大きな動機となるからである。それまでは独りよがりな欲求を満足させることが第一だったが、今や、先生は自分の行動を褒めてくれるだろうか、認めてくれるだろうか、という、新しい行動規範を手にすることになるのである。教師への畏敬や敬愛が、子どもたちの自発的なルール感覚を育んでいくのである。

子どもたちの相互承認の感度を育む教師に求められる資質は、「権威」にある。シュタイナーに倣《なら》って、私もそのようにいいたいと思う。もちろんこれは、強権的な権力や暴力とはまったく異なる概念である。「教育愛」を説いたいわゆる京都学派の教育哲学者、木村素衛《きむらもともり》もいうように、「権力や暴力は自分でもつて強ひて人に示すことが出来るが、権威は人が認めてくれるのであつて、自分で要求し主張することの出来るものではない」[27]のである。

子どもは、自らを従わせたいと思える、権威ある大人を求める。憧れの対象たりうるような、自分を認めてもらいたいと思えるような、そうした権威ある教師を求める。それが、自らのわがままな欲望を編み変え、他者との関係性へと向かわせる大きな原動力になるのであるとするならば、そしてそれが、相互承認の感度の大きな土台になるのであるとするならば、「権威」はやはり、教師にとって重要な資質であるといってよいだろう。

では教師の権威はいかにして可能か。私はここでもまた、その最大の条件は「信頼」にあるといいたいと思う。子どもたちをどこまでも「信頼」し抜こうとする強い意志。子どもたちはそれを必ず察知する。そしてその信頼に、応えたいと思う。子どもたちへの「信頼」こそが、子どもたちに自ら成長しようとする力を与える、敬愛される権威ある教師の条件なのである。

三　教師の多様性と自己了解

以上、「よい」教師の条件として、信頼、忍耐、権威という三つの資質を挙げたが、しかしその上で私は、より広い視野から見れば、これら資質は、必ずしもすべての教師が備えているべきであるわけではないといいたいと思う。むしろ、すべての教師がこのような資質を備えた学校は、あえていうなら、不自然であるしまた不健全であるようにさえ私には思える。

もちろん私は、これまで述べてきたことを否定しようとしているわけではない。右に述べてきた資質を備えた教師を多く抱えた学校が、「よい」学校であることは疑い得ない。

しかし長い目で見れば、それは多くの場合確かに「不健全」であるともいえるのだ。広い視野から見れば、学校には多様なタイプの先生がいていいし、むしろそうあるべきであるからだ。教師の中には、生徒を全く信頼しようとしない教師や、自分のルールを無闇に押しつける教師がいてもいい。もちろん私たちは、そうした教師の存在を補って余りある、信頼の教育空間を作り上げる必要がある。著しく生徒を傷つける教師は、いうまでもなく論外だ。しかし子どもたちは、それが多少「ひどい」教師であったとしても、多様な教師（大人）に触れることで社会の多様性を学び、そしてまた、多様な人たち相互の承認関係やその必要性を学んでいくものだろう。つまり〈自由〉および〈自由の相互承認〉の実質化のためにも、教師の多様性は不可欠なのである。社会的な相互承認とは、まさに多様で異質な人々の間でこそ求められるものであるからだ。

教師が多様であるからこそ、多様な子どもたちが自分に合った教師に出会える可能性も開かれる。子どもたちは、あの先生好きだとか、あの先生嫌いだとか、あの先生すごい、面白い、怖い、暗い、かっこいい、変人、だとか、そうやって色んなタイプの大人と出会って成長していくのだ。

ただし、まさに多様な教師がいるべきであるからこそ、私は「よい」教師の条件として、いや、むしろこの点についてはすべての教師に望みたい資質として、最後に深い「自己了解」を挙げたいと思う。それはつまり、自らの感受性と価値観を、深く了解することである。

本書では繰り返し、自らの教育理想や教育規範を、ナイーヴに絶対化・一般化することなく、そうした理想や規範を抱くその内的理由（欲望・関心）を問うことが重要であるといってきた。教師にとって、そうした自己了解の重要性は、どれだけ強調してもしすぎることはない。

教師といえども、子どもたちに対しての好き嫌いはどうしてもある。それは現実的にいって仕方のないことである。まさに価値観や感受性は、人それぞれ多様であるからだ。思わず好きになってしまう子どももいれば、どうしても馬の合わない子どももいるだろう。そのこと自体は、責められるべきことではない。

しかしだからこそ、教師には深い自己了解が求められるのである。自らの価値観や感受性に無自覚な教師は、まさに無自覚に、子どもたちをいわれなく叱り飛ばしたり、またいわれなく依怙《えこ》贔屓《ひいき》したりすることになってしまいがちであるからだ。

学校空間には多様な教師がいるべきではあるが、それぞれの教師は、絶えず、自身が独りよがりな感情や価値観をもって子どもたちと向き合ってはいないか、自らを振り返り続ける必要がある。学校の中には、自分の価値観を押しつける教師や、生徒を信頼しない教師がいても、それが著しく子どもたちを傷つけるのでない限り、広い視野から見れば容認できる。しかし少なくとも、それぞれの教師は、せめて自分がそのような態度をもって子どもたちに接しているのだということだけは、十分に自覚しておく必要がある。その自己了解だけが、自らを次のステージへと押し上げる可能性の条件であるからだ。

気分の移ろいに任せて生徒を怒鳴ったり、あるいは価値観を一方的に無自覚に押しつけたりする教師に対して、子どもたちは強い不当感を敏感に感じ取る。それはやがて、相互承認の理念への不信や軽蔑を育むことにつながるだろう。相互承認だとかルールだとかいったところで、それは結局大人の身勝手な都合によって自分たちに押しつけられるものなのだ……子どもたちはそうした感度を、知らず知らずのうちに育んでしまうことになるだろう。それは、〈自由の相互承認〉の実質化を職業的使命とする教師にとって、自らの使命を破壊してしまう行為というべきである。

　教師の深い自己了解に支えられた、教師と生徒との関係。これが「よい」教師−生徒関係の根本土台であるといっていいだろう。そしてこの土台の上に、教師は、権威をもって、そして忍耐をもって、生徒を信頼し続ける。このことが、子どもたちの「自己承認」「他者の承認」、そして「他者からの承認」を獲得させる、すなわちより〈自由〉な存在へと子どもたちを成長させる、最も本質的な教師の条件といえるであろう。

　以上、教師に求められる資質として、信頼、忍耐、権威、そして自己了解について述べてきた。

　これらはすべて、教育の本質（原理）論を土台に、これまでの教育学——とりわけ教育思想——の知見を私なりに編み直したに過ぎないものである。しかし、何のための教育かという問いに明快な答えが与えられたことで、私たちは、あえていうならようやく初めて、ではどのような教師が「よい」教師でありうるか、という問いに、これまでの教育学の知見を使いこなすことで、十全に答えられるようになったのである。

　教育学には、まだまだ無数の教師論の蓄積がある。教育実践の現場においても、実践知は無数に積み上げられている。本節で論じてきたことは、あくまでもそのさわりに過ぎない。教育の本質（原理）論を土台として、今後ますます、これら学知と実践知を協同させて、より豊かな教師をめぐる実践理論を展開していければと思う。

3　「よい」教育行政とは

最後に、教育の本質および正当性の原理に基づいた、今後の教育行政のあり方について考えていくことにしたい。

教育行政をめぐっては、今日様々な意見が対立している。その最も象徴的な対立は、教育委員会制度の改廃をめぐるものだろう。

対立する議論

地方教育行政・教育委員会は、とりわけ政治的中立性が求められるという理由から、自治体首長の直接管理下にある一般行政部局からは切り離され、これまで独立した一定の権限を与えられてきた。その運営原理は、教育の専門家である教育長による「専門的リーダーシップ」と、素人の教育委員会による「レイマンコントロール（素人統制）」のバランスを保つ点にある。こうした独自の教育行政のあり方が、教育が自治体首長の「政治的オモチャ」にされることを防ぐ役割を果たしてきたとされている。[28]

しかし近年、二〇〇〇年の地方分権改革に伴い地方の裁量権が格段に広がったのを受けて、教育委員会を改廃し、教育行政を首長の直接の所管で執行すべきであるとする議論が盛り上がりを見せるようになっている。実際、教育委員会制度の組織、運営を定めた「地方教育行政の組織及び運営に関する法律」は二〇〇七年に改正され、それまでの文部科学省による教育委員会に対する強い関与・管理権限は、大幅に後退することになった。それはつまり、自治体首長の関与の可能性が大幅に増大したということでもある。

教育委員会改廃論の論拠はいくつかある。まずは、教育委員会の「形骸化」といわれるものである。「素人」の教育委員は、「人格が高潔で、教育、学術及び文化に関し識見を有するもの」[29]とされてはいても、兼業・非常勤の身分であり、委員会会議も月一～二回数時間程度、したがって実態は、専門家である教育長（事務局）に多くを負っているのが現状とされている。[30]また、責任者が「人」ではなく「機関」であるがゆえに、責任の所在がはっきりしないという批判もある。[31]あるいは、予算や人事などの固有の権利を持たないために、これまで、文部科学省―都道府県教育委員会という上級行政機関の、上意下達的な末端機関に成り果ててきたとする批判もある。[32]

こうした理由から、教育委員会制度を改廃し、地方教育行政における首長の権限を強化する案が浮上することになった。

たとえば、教育委員会を完全に廃止して、教育行政を首長の直接所管にすべきだという議論がある。もっとも、それでは首長の独断専行に陥るとして、一定の監視機能を設けるべきであるという議論もある。民主党による、教育委員会制度を「発展的に改組」した、「教育監査委員会」構想なども

その一つだろう。

あるいは逆に、教育委員会を活性化させようという議論もある。そのために、今は首長の任命制だが、これを戦後初期に実施されたような直接公選制に戻すべきだという議論もある。[33]

しかし、教育委員会を廃止するにせよ活性化するにせよ、その際、「一体どのような『指針』をもって、教育統治の一翼を担う地方自治体教育行政を構想すればよいのか」[34]については、これまであまり明確にされてこなかった。教育委員会改革論は、いくつもの論点が錯綜し、どこに重点を置いて論じるかで、様々なアイデアが対立しているのが現状なのである。

しかし、社会政策としての公教育の「正当性」原理が〈一般福祉〉にあることが明らかにされた今、私たちは、教育行政の正当性もまた〈一般福祉〉にあり、教育行政は常にその促進を目標としなければならないということができるようになる。つまり、地方自治体の教育行政を担う教育委員会は、その存立の正当性を〈一般意志〉に、その政策の正当性を〈一般福祉〉にのみ持っているのであり、したがって、教育委員会廃止論にせよ活性化論にせよ、求められるのは、どのような地方教育行政のあり方が最も〈一般意志〉や〈一般福祉〉に近づきうるアイデアか、という議論なのである。そうした観点を持たずに、教育委員会を公選制に戻すべきだとか、首長の直接所管にすべきだとかいった、いわば各論だけを論じていたのでは、建設的な地方教育行政改革の議論をすることはできない。

そこでこの観点から私の考えをいっておくと、教育行政の責任・権限を首長に与えることは、首長が直接選挙で選ばれている以上、一般意志の観点からいえばある程度「正当」と認めることはできる。しかしそれはあくまである程度の話であって、その場合は、それが現行のままの「教育委員会」であるかどうかはともかく、教育が首長の「政治的オモチャ」にされないよう――つまり一般意志を担保しうるよう――しっかりとしたチェック機能を整備しておく必要があるだろう。そしてそのためにも、現行の教育委員会の役割の一つである、地域住民や保護者たちの意見集約、異議申し立て受け付け、そしてその反映のための機能も、十分整備し続けておく必要がある。

また、しばしば述べてきた〈原理と実践理論の区別〉に基づいていうならば、地方教育行政のあり方（実践理論）は、〈一般意志〉を代表し〈一般福祉〉を促進するという目的（原理）のもと、各自治体の状況に応じた柔軟なものでありうるといえるだろう。たとえば都市部と農村部においては、首長の権限の強度や教育委員の選任方法など、ある程度異なっていてもいいかも知れない。制度上どこまでそうした柔軟性を担保できるかはまた別に考える必要があるが、少なくとも原理的には、地方教育行政のあり方は、〈一般意志〉と〈一般福祉〉にできるだけ近づくため、状況に応じて種々の方法を組み合わせることが可能だということを念頭に置いておくべきである。

ちなみに、東京都杉並区教育委員会主任分析官を務める山口裕也氏によると、今日見られる地方教育行政改革論は、そのほとんどが、〈一般意志〉については十分考えられているものの、〈一般福祉〉については自覚的であるようには見えないという。つまり、住民代表としての統治権限についての議論は多くなされても、それをどうやって政策として実質化していくかについては、十分論じられていないのだという。

そこで山口氏は、〈一般意志〉をできるだけ代表しうる教育行政のあり方を考えるのはもちろん、〈一般福祉〉を促進するための教育行政のあり方を構想し続けている。私が公教育の「正当性」の原理として、本書で論じた〈一般福祉〉原理を最初に発表したのは二〇〇八年のことだが[35]、山口氏はこの原理に基づく実践理論の構築を、特に杉並区の教育行政現場において模索されている。

杉並区といえば、二〇世紀末以来どちらかといえば新自由主義的そして新保守主義的教育改革の先進区としてのイメージがあったが、現在その反省と見直しが進み、ポスト新自由主義時代の教育のあり方が模索されているようである。そこで以下では、この山口氏によって提案された、〈一般福祉〉原理を促進するための教育行政に関する実践理論――「支援」機能――について紹介したい。

二　教育行政による支援

先述したように、東京都杉並区は、これまで新自由主義教育改革の先進区と一般には目されてきた。しかし第一章でも論じたように、今日の教育の現状を見ると、このまま新自由主義教育改革を続けることは、杉並区に限らず〈一般福祉〉を著しく侵害することになりかねない。

たとえば二〇〇六年度、「義務教育費国庫負担制度」の国負担率が、二分の一から三分の一へと切り下げられた。「義務教育費国庫負担制度」とは、教育の機会均等と水準の維持向上のために、教職員給与を国が援助するとするものだ。詳細な経緯は割愛するが、これが切り下げられたことにより、各都道府県において、教職員給与の引き下げや定数崩し（正規常勤教職員一人分の給与で数名の非常勤教職員を雇う方法）が進むことになった。[36]

さらに加えて、今日の学校現場は、団塊世代の大量退職に伴う若年次教員の増加、多忙感の増大、そして中途退職率の増加など、深刻な問題を抱えているのが現状である。

こうした現状を踏まえて、山口氏は次のように指摘する。

このような状況で学校が自由競争を強いられれば、様相は、限りある教育資源――学校選択制を敷く自治体なら、そこには児童生徒数も含まれ得る——を奪い合い、極少数の勝者と圧倒的多数の敗者を生みだす「ゼロサムゲーム」と化していく可能性すら高いと考えられる。そして、地域による程度差こそあれ、様々な教育資源の格差を一因として学校間格差・階層化が拡大し、このことによってある特定の子供たちが社会的に不利な状況に置かれる＝自由の相互承認を基盤とした自由の実質化が困難になるのなら、それは、すべての子供たち（学校）のよき生の促進・拡大をめがける一般福祉原理に反することになる。[37]

それゆえ山口氏は次のようにいうのである。今日の教育行政、とりわけ教育委員会制度に求められる本質的機能の一つは、「一般意志下に限りある教育資源を一旦集約し、それらを一般福祉に照らして適正・傾斜配分しながら、各校〔中略〕に向け、具体的〈支援〉を行うことである」[38]と。そこには、①格差の拡大可能性に対する是正可能性を担保しつつ、②限られた教育資源を有効活用しながら、③一般福祉の増大促進をめがけるというねらいがある。

この「支援」を、山口氏は私の言葉でいう実践理論として、それも地方教育行政における実践理論の「基本型」として提示した。つまり「支援」は、教育行政の根幹として位置づけられる必要があるというわけだ。

これは、教育行政は各学校の「管理・監督」を主要任務とするとされてきた従来の一般的解釈からすれば、思い切った提言であるといっていい。あるいは、従来の「管理・監督」に「支援」を加え、これらを教育行政の両輪にする必要があるという提言といえるだろうか。

杉並区は、「杉並区立済美教育センター」という、この「支援」機能に特化した機関を設置している。そして山口氏を中心として行われるデータ・グラウンデッドな調査研究に基づいて、多角的な支援を行っている。

たとえば、「教師の力量差」やそれに起因した「児童生徒の学力格差」の進展傾向を調査し、とりわけ若年次教員の育成支援を主目的とする「指導教授制度」などが、施策として展開されている。再任用教員、中でも学校管理職退職者を集約し、一般福祉に照らして支援を必要とする学校に傾斜配分していくわけだ。これはほんの一例だが、杉並区はこのように、一般福祉促進のため、「支援」を明確に打ち出した教育行政を行っている。

もっとも他の自治体でも、教育委員会が限りある教育資源を集約し、それを適正・傾斜配分していく施策は展開されている。しかしその際、傾斜配分の根拠を巡って、対立的な意見が飛び交うことがしばしばあるようだ。

たとえば前章で紹介した通俗的功利主義の立場からすれば、むしろ教育効果の高い学校にこそ資源を優先的に割くべきであるという意見が正当性を持ちかねない。山口氏も、行政の現場ではこのような主張にはしばしば遭遇するといっている。

しかし一般福祉を原理として置くことが認められるなら、教育行政は、一般福祉を促進するために、徹底的な量的および質的な実証調査による現状把握を踏まえた上で、何らかの問題を抱えている学校（子どもたち）を「支援」する機能を、本質的に備えておく必要があると主張することができるようになる。いわば行政の指針に、一本の筋が通るのだといっていい。

もっともこのことは、上を下げ下を上げ、教育効果をいわば平均化することを意味しているわけではない。すべての人（子どもたち）の福祉＝よき生の一般条件を上げていくことが一般福祉の目指すところであるから、それは単なる平均化を意味するわけではない。実際杉並区では、この観点から、「学校の通常授業では扱うことが困難なより高度で興味・関心を喚起する内容を扱う学習会や、近隣高等学校との連携・専門的な技術をもった指導者を招致して行う部活動を、夏季休業中・中学生対象とし、学校合同で実施するといった試み」[39]なども実施している。

もちろんこうした多角的な支援のためには、山口氏自身もいうように、地方教育行政は、指導主事や再任用教員に限らず、研究者をはじめとした教育専門職を確保する必要がある。そして何より、財源的裏付けが必要だ。杉並区教育行政の「支援」機能は、財政的に比較的恵まれているからこそ可能になった施策であるともいえるかも知れない。したがって全国的に見れば、財政力の差が教育行政の充実度の差を生むという意味において、杉並区の充実した「支援」機能は、地域間格差を広げる結果を生みかねないといえなくもない。

しかし、それとこれとはまた別の問題だろう。山口氏の調査によれば、「支援」機能は、学力の総体的な向上と学力差の縮小、あるいは学校生活の充実度など、明らかに一般福祉を促進する効果をもたらした。その成果については今後さらに検証されていく必要があるが、さしあたり一定の評価を下すことができるとするなら、次の課題は、いかにしてこうした支援機能を全国的に充実させていくかと考えることになるだろう。いうまでもなく、国（文部科学省）の最大の目標は、〈一般福祉〉の促進をおいてほかにないのだから。

どのような施策も、資源に限りがある以上トレードオフの関係にならざるを得ない。あっちを立てればこっちが立たずというわけだ。したがって優先順位をはっきりさせなければならないが、その際の基準を〈一般福祉〉に置く限り、私もまた山口氏がいうように、どのような教育委員会改廃論を打ち立てるにせよ、「支援」機能は地方教育行政の「基本型」になりうるのではないかと思う。

以上、本書で明らかにした〈一般福祉〉原理が、実際の地方教育行政でどのように指針原理として用いられているかについて、簡単にではあったが述べてきた。

本章で論じてきた、〈自由の相互承認〉や〈一般意志〉〈一般福祉〉をより実質化していくための豊かな実践理論の展開は、これからの実践的・学問的課題である。前章で解明した教育の本質と正当性の原理に基づいて、本章ではそのささやかな一歩として、教育方法の根本発想や「よい」教師の条件といった、いわば日常の具体的な実践理論から、「よい」教育行政とは何かというよりマクロな実践理論に至るまで、実りある実践のためのアイデアについて述べてきた。今後、学問と実践の叡智を結集し、これら一つ一つのテーマをさらに広く、また深く、展開していきたいと思う。

終章

教育とは何か。それは「各人の〈自由〉および社会における〈自由の相互承認〉の〈教養＝力能〉を通した実質化」である。どのような教育を私たちは「よい」「正当」といいうるか。それは、〈一般福祉〉に適う、さらにいえばこれを促進しうる教育である。

本書では、教育の本質および正当性の原理を、このような形で明らかにした。そしてその内実もまた、ある程度十全に論じることができたのではないかと思う。私たちは今後、この教育の「原理」を土台として、豊かな教育「実践理論」を構築していくことができるだろうし、また私自身、多くの実践者や研究者たちと協力しながら、その探究を続けたいと思う。

教育学は、ある意味ではきわめて無節操な学問である。教育について——そしてそれは、現代思想がどれだけ「人間の終焉」を唱えたとしてもやはり「人間」についてである[1]——考えるため、教育学はあらゆる実践知や学問知を活かしたいと思う。

しかしその一方で、今日の専門分化した学問状況は、教育とは何か、そしてそれはどうあれば「よい」といいうるか、という問いを、かえって見えにくくしてしまった。しばしば指摘されているように、教育学は、思想研究、社会学的実証研究、教育方法研究、教育史研究、教育心理学研究その他に分かれ、さらにその内部で無数に細分化し、今や相互の知見を活かし合うことが困難な状態にある。

それだけではない。「教育」を深く考えるためには、私たちは本来、政治学も経済学も社会学も心理学も哲学もそして自然科学の諸領域に至るまで、本来あらゆる学的知見を総動員する必要があるはずだ。しかし専門分化した近代の知のシステムは、そう簡単に学問的垣根を飛び越えることを許してはくれない。

社会学の泰斗見田宗介氏は、このことについて次のようにいっている。

> 近代の知のシステムは、専門分化主義ですから、あちこちに「立入禁止」の札が立っています。「それは○○学のテーマではないよ。そういうことをやりたいのなら、他に行きなさい。」「××学の専門家でもない人間が余計な口出しをするな。」等々。学問の立入禁止の立て札が至る所に立てられている。しかし、この立入禁止の立て札の前で止まってしまうと、現代社会の大切な問題たちは、解けないのです。そのために、ほんとうに大切な問題、自分にとって、あるいは現在の人類にとって、切実にアクチュアルな問題をどこまでも追求しようとする人間は、やむにやまれず境界を突破するのです。[2]

専門分化は、近代知の当然の帰結であり、そしてまた十分に意義深いことでもある。人間の知力にも時間にも限界があるから、ある程度一極集中的に研究を進めた方が効率的であるからだ。

しかしそのことで、「切実にアクチュアルな問題」——教育学にとっては、そもそも教育とは何か、そしていったいどうやって構想すればよいのか、という問いが特にこれに当たるだろう——が見逃されてしまったとしたら、私たちは何らかの形で、再びこの問いを取り戻さなくてはならないはずだ。

見田氏がいうように、専門分化した知のシステムの間を行き来することは容易なことではない。しかしそれでもなお、教育（学）において今まさに教育の本質が見失われ、それゆえ私たちが「規範欠如」の問題の前に足踏みしてしまっているのであるとすれば、そしてにもかかわらずこれを解決する道筋が未だ見出されていないのであるとすれば、私たちには「やむにやまれず境界を突破する」ことが許されていいはずだ。

もちろん私は、そのような試みを本書で十分展開できたとは思っていない。むしろ本書で何度かほのめかしてきたのは、だからこそ、「境界の突破」を一人で果敢に試みるというよりは、むしろ多領域の研究者・実践者と協力し合いたいということなのだ。本書の目的は、そのためのいわば足場を作ることにあったといっていい。

もちろん、本書で明らかにした原理は、今後も様々な角度から検証される必要がある。しかしもしこの原理に一定の妥当性が認められたとするなら、後はこの「原理」を達成するための「実践理論」構築へと、私たちは探究を方向づけていくことができるはずである。そしてそのことは、いわば領域を超えた、それぞれの専門性を活かし合った探究となるはずである。

本書第四章において、私はその一端を展開した。つまり各人の〈自由〉と社会における〈自由の相互承認〉を実質化するための、より具体的な教育実践理論の展開である。教育方法論、教師論、そして、〈一般意志〉や〈一般福祉〉にできるだけ近づくための行政論を展開したが、やるべきことはまだまだある。

教材論、カリキュラム論、異文化間教育研究、生涯学習研究、古典的教育思想研究など、あらゆる学的知見を、私たちは、もし望むなら、〈自由〉と〈自由の相互承認〉の実質化という観点からもう一度編み直すことができるはずである。哲学や経済学、社会学などの諸学問は、実践理論構築はもとより、本書で明らかにした原理論それ自体を検証していくこともできるはずである。そして日々子どもたちの教育にかかわる実践者たちは、自らの実践知をここに持ち寄ることができるはずである。

教育は、子どもたち一人一人の人生に、否が応にも多大な影響を与えるものである。顔の見える、今ここを生きている子どもたちである。そんな子どもたちを不幸にしてしまうような教育を、私たちは構想し実践するわけにはいかない。今こそ実践知と学知を持ち寄ろう。私はそういいたい。

問い続けることが学問である、とよくいわれる。その通りだ。しかしそれは、学問の本質の、まだ半分をいい表したに過ぎない。もう半分の、そしてより重要な学問の本質がある。

それは答えを出し続けることである。

「よい」教育とは何か。本書で私は、この問いに一定の答えを出すことができたと思う。それは今後批判的に吟味検証される必要があるし、私自身もその努力を続けたい。しかし私はそれと同時に、まさにここを出発点に、あらゆる実践知と学知を持ち寄って、よりよい教育を構想していきたいと思う。

そのための出発点に、本書がなりうるとすればこれ以上の喜びはない。

あとがき

私たちはそれぞれ、多かれ少なかれ、それぞれの教育理想や規範を持っている。そして時に、それらは深刻に対立し合ったり、嚙み合わなかったりすることがある。

本書で私は、そのどれが正しいかではなく、「なぜ私はこのような教育理想を持っているのか」を、内省し問い合うことから始める必要があると述べてきた。単に理想や規範を正当化する理屈を披露するのではない。自身の教育理想の内側に潜む、その内的理由（欲望・関心）を問い合うのだ。そうすれば私たちは、素朴に互いの教育理想を押しつけ合うのではなく、共通了解を得るための可能性を開くことができるようになる。

実はかつての私は、ひどく純朴な教育理想主義者だった。教育は深い愛に満ちていなければならず、子どもたちの誰一人、生の理由を見失っておののくことのないよう、つまり自らの存在を自ら十分肯定できるよう、互いが互いを必要とし愛し合えるような、そんな教育を作らなければならないと信じて疑わなかった。私にとって、それは絶対的な教育理想であったのだ。

この教育愛――人間愛――の絶対理想を打ち砕いたのは、哲学との出会いだった。

絶対に正しいことなどはなく、それはどこまでも「私の確信」である。この現象学の考えに、私は当初どこまでも抗おうとした。教育愛の理想が私一人の単なる「確信」「信憑」であるなどとは、信じたくなかった。少し大げさにいえば、それは私の実存を最も奥から支える、強固な理想であったから。

しかし今、私は、なぜ自分がこのような理想を抱くに至ったのか、その内的理由を十分に自覚している。そしてこの理想が、その内的理由から強固に編み上げられていった、私にとって信じたいロマンであったことを、十分に自覚している。

しかしそれでもなお、私はこの理想を、今も完全に捨て去ることができない。

それはある意味で仕方のないことだ。何年にもわたって層を重ねてきたこのロマンは、今や私のほとんど身体となっていて、そう簡単に引き剝がすことなどできないからだ。そしてまた、おそらく無理に引き剝がす必要もないことなのだ。

重要なことは、私にはこのような理想が自らのロマンとしてある、ということを、私自身が十分に自覚し了解することである。そうすれば、私は次の問いへと、自らの問いを展開することができるようになる。

それは、教育はどこまでも人間愛を育むものでなければならない、という要請ではない。そうではなくて、もし教育が人間愛を育むようなものとして構想されるのが「よい」とするなら、そのための条件は何か。これが私の問うべき問いである。要請の思想ではなく条件を解明する思考、これが、哲学の力強さであると私は思う。

本書で解明した教育の本質および正当性の原理は、個人的にはその探究のための土台作りでもあった。教育の本質が〈自由〉および〈自由の相互承認〉の実質化にある以上、教育愛に溢れた人間愛の教育は、この本質（目的）に適う限りにおいて意義深い。〈愛〉という言葉はあまりに空々しくまたナイーヴに聞こえるかも知れないから、少し言葉を換えていうとするなら次のようになる。

多様で異質な人たちが、その多様性にもかかわらず、いや、むしろ多様性のゆえにこそ、相互に了解し合い承認し合うことのできる、社会的そして教育的条件は何か。これが私の、本書の成果を土台にして探究し続けたい問いである。

本書は書き下ろしだが、元になった論文などがいくつかある。ご参照いただければ幸いである。

＊「教育・社会構想のためのメタ方法論の深化——公教育の『正当性』原理再論」、西條剛央・京極真・池田清彦編『よい教育とは何か——構造構成主義研究5』北大路書房、二〇一一年、一四七—一八一頁。

＊「よい教育とは何か——公教育の原理が『現場』を変える」（山口裕也氏、西條剛央氏との鼎談）、西條剛央・京極真・池田清彦編『よい教育とは何か——構造構成主義研究5』北大路書房、二〇一一年、二一—五六頁。

＊「教育的経験＝『成長』の指針の解明素描——ヘーゲル哲学のデューイ経験哲学への援用」、『日本デューイ学会紀要』第50号、二〇〇九年、九一—一〇五頁。

＊「ヘーゲル『自由』論の射程——社会原理論としてのヘーゲル哲学再考」、『イギリス理想主

義研究年報』第5号、二〇〇九年、一一—二〇頁。
＊「現象学によるデューイ経験哲学のアポリアの克服」、西條剛央・京極真・池田清彦編『なぜいま医療でメタ理論なのか——構造構成主義研究3』北大路書房、二〇〇九年、一一〇—一三六頁。
＊「構造構成主義による教育学のアポリアの解消——教育学研究のメタ方法論」、西條剛央・京極真・池田清彦編『信念対立の克服をどう考えるか——構造構成主義研究2』北大路書房、二〇〇八年、八八—一一〇頁。
＊「どのような教育が『よい』教育か——ヘーゲル哲学の教育学メタ方法論への援用」、『RATIO』第5号、講談社、二〇〇八年、二一八—二六四頁。
＊「デューイ『興味』論の現象学＝実存論的再構築——教授法の原理および実践理論体系化序説」、『関東教育学会紀要』第34号、二〇〇七年、三九—五〇頁。

本書を執筆するに当たっては、多くの方々にお世話になった。

まず、私を教育学・教育思想のロマンへと導いてくださった恩師市村尚久先生に心から感謝申し上げます。教育への思いを、私は市村先生から受け継いでいる。

大学院時代の指導教授藤井千春先生には、特にデューイへの関心を引き出していただいた。記して感謝申し上げます。

広田照幸先生には、科学研究費補助金・基盤研究（B）「社会理論・社会構想と教育システム設計との理論的・現実的整合性に関する研究」における研究会において、本書の元にもなった論文の、懇切な検討の機会を設けていただいた。この時の議論の成果は、本書にもかなり反映されている。広田先生はじめ、この時きわめて有意義かつ建設的なご指摘をくださった、教育正義論の先駆者、宮寺晃夫先生にも心から感謝申し上げます。

長年にわたって胸を借りて議論を続けさせていただいている、私にとっての学問上の優れた兄貴分、西條剛央さんにも感謝致します。西條さんの図抜けて優れた理論家としての才能には、常に大きな刺激を受けている。学ばせていただいたことの多さもはかり知れない。

最終章で紹介した、杉並区教育委員会の主任分析官／スーパーバイザー、山口裕也さんにも心から感謝したい。本書で論じた教育の本質および正当性の原理の意義を、山口さんはいち早く見出し行政の現場で活用してくださった。何万人という子どもたちの人生に大きな影響を及ぼす教育行政こそ、教育とは何か、どうあれば「よい」といいうるか、という問いに、常に行き当たる現場である。行政のあり方から授業作りに至るまで、山口さんは優れた実践理論の数々を生み出し続けている。本書の草稿に極めて有意義なアドバイスをくださったことにも、心から感謝致します。

本書執筆にあたっては、少しばかり独特の産みの苦しみのようなものを味わったが、〝兄弟子〟金泰明さん、石川輝吉さんには、ずいぶんと気持ちの面で支えていただいた。ありがとうございました。

また、役立つ理論の考え方についていつも学ばせていただいている京極真さん、二〇一〇年度、教育哲学会研究助成を得て本書のテーマとつながる共同研究を行った折、研究代表者を務めてくださった高宮正貴さんにも感謝申し上げます。

最後に、哲学者竹田青嗣先生には格別の感謝を申し上げたい。二〇〇四年末、上梓されたばかりだった竹田先生の『人間的自由の条件――ヘーゲルとポストモダン思想』(講談社)を読んだ時、私は、ここには深い人間洞察と社会構想の原理があり、そしてまた、教育の最も深い構想原理はここから生み出すことができる、と直感した。その後竹田先生の門を叩き、共に哲学する日々を送らせていただくことになったが、あれから六年以上が経った今、あの時の直感を、本書で少しは形にすることができただろうか。

本書は、講談社の山崎比呂志さんの勧めで書かせていただくことになったものである。山崎さんとの対話はいつもとても刺激的だった。心からありがとうございました。

二〇一一年七月

苫野　一徳

註

［序章］

1　佐藤学『「学び」から逃走する子どもたち』岩波ブックレット、二〇〇〇年。

2　エミール・デュルケーム著、麻生誠・山村健訳『道徳教育論』（世界教育学名著選4）明治図書、一九七四年。

3　より専門的な議論に関心のある方は、「あとがき」に記した拙稿を参照していただければ幸いだ。

4　これまで以下の論考等で、ささやかにその試みを行ってきた。苫野一徳「ヘーゲル『自由』論の射程——社会原理論としてのヘーゲル哲学再考」、『イギリス理想主義研究年報』第5号、二〇〇九年、一一—二〇頁。苫野一徳「現象学によるデューイ経験哲学のアポリアの克服」、西條剛央・京極真・池田清彦編『なぜいま医療でメタ理論なのか——構造構成主義研究3』北大路書房、二〇〇九年、一一〇—一三六頁。

5　特に、竹田と西による『完全解読ヘーゲル「精神現象学」』（講談社、二〇〇七年）は、二人のヘーゲル解釈の水準の高さを実証しているように思われる。また竹田によるフッサール『現象学の理念』の〈完全解読〉も、近日公刊とのことである。その他二人のフッサールおよびヘーゲルについての著作は、特に以下を参照されたい。竹田青嗣『現象学入門』NHKブックス、一九八九年。竹田青嗣『現象学は〈思考の原理〉である』ちくま新書、二〇〇四年。竹田青嗣『人間的自由の条件——ヘーゲルとポストモダン思想』講談社、二〇〇四年。西研『ヘーゲル——大人のなり方』NHKブックス、一九九五年。西研『哲学的思考——フッサール現象学の核心』筑摩書房、二〇〇一年。

6　フッサール批判に対する反批判としては、竹田や西の研究の他にも、ダン・ザハヴィ『フッサールの現象学』晃洋書房、二〇〇三年などを参照されたい。またヘーゲル批判に対する反批判としては、福吉勝男『自由と権利の哲学——ヘーゲル「法・権利の哲学講義」の展開』世界思想社、二〇〇二年、岡本裕一朗『ヘーゲルと現代思想の臨界

——ポストモダンのフクロウたち』ナカニシヤ出版、二〇〇九年、などを参照されたい。

7

その理由を、フッサールのいい方を換骨奪胎していえば次のようになる。（Cf. Edmund Husserl, *Ideen zu Einer Reinen Phänomenologie und Phänomenologischen Philosophie*, Martinus Nijhoff, 1976, §27-32.〔渡辺二郎訳『イデーンⅠ—Ⅰ』みすず書房、一九七九年、二七〜三二節。〕）

私たちは普段、ごく普通に、この窓の向こうには青い大空が広がり白い雲がたゆたっていて、その下には海があり、その向こうには大陸が広がっていて、そしてそこには無数の人たちが生活している、と、素朴に信じている。そしてそうした世界が、万人にとって同じ世界であると私たちは信じているはずである。これをフッサールは、私たちが自然にとっている態度、すなわち「自然的態度」と呼ぶ。

しかし私たちはこのことを、絶対的事実であるといい切ることができるだろうか。

たとえば私が見ているあの空が絶対に「青色」なのかどうか、私には決して分からない。あるいは、私が見ている空の色と虫が見ている空の色とは、おそらく違っているはずである、ということもできる。要するに私たちは、今私たちに見えているこの世界が、絶対に私の目に映るままに実在しているかどうか、決して知ることはできないのである。

また、この窓の向こうには海があり大陸があって、そして人々が生活をしているかどうかも、究極的には分からないことである。デカルトは、今私が見ている世界が私の夢でないという保障はどこにもないといったが、まさに、今私が見ているこの世界はもしかしたら夢かも知れないし、そもそも海や大陸や人々を、私はたった今実際に見て確認しているわけでもない。極端にいえば、私が目を向けていない時、海や大陸や人々は、存在していないかも知れないのである。

一八世紀ドイツの哲学者カントは、フッサールに先駆けてこれを「物自体」の認識不可能性といったが、要するに、私たちに絶対的な客観的事実を知ることは決してできないのである。私の見ている世界と他人の見ている世界が同じ世界であるのかどうか、つまり世界が私の目に映るままに実在しているかどうか、いや、そもそもこの世界が絶対に現実であるのかどうかさえ、私たちには決して確かめることができないのである。

そこでフッサールは、まず次のようにいうのである。すなわち、以上のように私たちが世界を絶対的に知ることができない以上、私たちは、今見えている世界が絶対に実在するとか、絶対の真理があるとかいった考えを、とりあえず括弧に入れて考える必要がある、すなわち自然的態度は、エポケー（判断中止）される必要があるのだと。

もしも、何が絶対的な真理か、という問いを立てたとすれば、私たちは意味のない問いを問い続けることになってしまうだろう。そればかりか、それでもなおこの問いをかたくなに問い続けたとするなら、私たちは答えの出ない信念対立を繰り広げることになりかねない。決して確かめることのできない「真理」をめぐって、それぞれが、「これこそが真理だ」といって、争い合うことになりかねない。

それゆえそうした問いは、エポケーされる必要がある。何が絶対的な真理か、何が客観的に正しいことか、私たちはこうした問いを始発点にすることなく、ひとまず「括弧に入れておく」のである。

8　Edmund Husserl, *Cartesianische Meditationen*, Martinus Nijhoff, 1973, S. 98.（エトムント・フッサール著、浜渦辰二訳『デカルト的省察』岩波文庫、二〇〇一年、一一七頁。）

9　竹田青嗣『現象学は〈思考の原理〉である』五三頁。

10　『ヘーゲル教育論集』（上妻精編訳、国文社、一九八八年）として編まれたものもあるが、いずれも式辞、報告、意見書の類いである。

11　G.W.F. Hegel, *Phänomenologie des Geistes*, in *Werke*, Bd. 3, Suhrkamp, 1970, S. 149.（金子武蔵訳『精神の現象学（上）』岩波書店、一九七一年、一八六頁。）

12　ヘーゲル自身の言葉は「相互承認」である。「自由の相互承認」という言葉は、ヘーゲルを受けて竹田がいったものである（竹田青嗣『人間的自由の条件』）。

13　そもそも、まさに歴史的にいって、公教育の理念が充実したフランス革命期の思想家コンドルセは、教育は国家のための教育ではなく、むしろ個々人に対する社会の義務であるという思想を打ち出している。（コンドルセ著、松

島鈞訳『公教育の原理』明治図書出版、一九六二年。）

［第一章］

1　マックス・ヴェーバー著、富永祐治・立野保男訳『社会科学と社会政策にかかわる認識の「客観性」』岩波文庫、一九九八年参照。

2　広田照幸『ヒューマニティーズ　教育学』岩波書店、二〇〇九年、一一四頁。

3　斎藤貴男『教育改革と新自由主義』寺子屋新書、二〇〇四年。

4　以下を参照されたい。藤田英典『教育改革のゆくえ——格差社会か共生社会か』岩波ブックレット、二〇〇六年。藤田英典『義務教育を問いなおす』ちくま新書、二〇〇五年。

5　広田照幸『格差・秩序不安と教育』世織書房、二〇〇九年、一二七頁参照。

6　教育基本法改正については、以下の著書に詳しい。市川昭午『教育基本法改正論争史——改正で教育はどうなる』教育開発研究所、二〇〇九年。

7　佐藤学『教育改革をデザインする』岩波書店、一九九九年、三一頁。またこの点については以下も参照されたい。佐貫浩『学力と新自由主義——「自己責任」から「共に生きる」学力へ』大月書店、二〇〇九年。尾木直樹『「学力低下」をどうみるか』ＮＨＫブックス、二〇〇二年。

8　以下を参照されたい。苅谷剛彦『学力と階層』朝日新聞出版、二〇〇八年。

9　以下を参照されたい。藤田英典編著『誰のための「教育再生」か』岩波新書、二〇〇七年。

10　以下を参照されたい。堀尾輝久『現代教育の思想と構造——国民の教育権と教育の自由の確立のために』岩波書店、一九七一年。

11　広田照幸『格差・秩序不安と教育』一八頁。

12　この点については、以下の著書にくわしくまとめられている。黒崎勲『教育の政治経済学［増補版］』同時代社、二〇〇六年。

13 広田照幸『格差・秩序不安と教育』一九頁。

14 前掲書二四九頁。

15 鈴木寛・寺脇研『コンクリートから子どもたちへ』講談社、二〇一〇年、四〇頁。

16 藤田英典編『誰のための「教育再生」か』二〇六―二一二頁。

17 戦後教育学の行き詰まりについては、広田照幸『格差・秩序不安と教育』、三三―三六頁等を参照されたい。

18 藤田英典『教育改革』岩波新書、一九九七年、一八六頁。

19 苅谷剛彦『大衆教育社会のゆくえ』中公新書、一九九五年、二一五頁。

20 コメニウス著、稲富栄次郎訳『大教授学』玉川大学出版部、一九六九年、四二頁。

21 カント著、三井善止訳『人間学・教育学』玉川大学出版部、一九八六年参照。

22 コンドルセ著、松島鈞訳『公教育の原理』明治図書出版、一九六二年、一六頁。

23 ホレース・マン著、久保義三訳『民衆教育論』(世界教育学名著選17)、明治図書、一九七四年、一〇四頁。

24 ボウルズ＝ギンタス著、宇沢弘文訳『アメリカ資本主義と学校教育II――教育改革と教育制度の矛盾』一九八七年、岩波書店、一五一頁。

25 前掲書、二〇六頁。

26 前掲書、一一〇頁。

27 前掲書、二四五頁。

28 彼らの社会主義革命の夢はついに実現することはなかったが、後年二人はまた新たな思想を展開することになる。この点については、小玉重夫『教育改革と公共性――ボウルズ＝ギンタスからハンナ・アレントへ』東京大学出版会、二〇〇二年、に詳しい。

29 ミシェル・フーコー著、田村俶訳『監獄の誕生――監視と処罰』新潮社、一九七七年、一六頁。

30 S・J・ボール編著、稲垣恭子・喜名信之・山本雄二監訳『フーコーと教育』勁草書房、一九九九年などを参照されたい。

31 ミシェル・フーコー著、田村俶訳『監獄の誕生――監視と処罰』一五二頁。

32 イヴァン・イリッチ著、東洋・小澤周三訳『脱学校の社会』東京創元社、一九七七年、八〇頁。

33 前掲書、一五頁。

34 前掲書、三二頁。

35 この点については、近年教育学においても次の著作などで指摘されるようになっている。田中智志『教育思想のフーコー――教育を支える関係性』勁草書房、二〇〇九年。また政治学の領域においては、すでに多くの論者がこの点について論じている。たとえば以下などを参照されたい。齋藤純一『政治と複数性――民主的な公共性にむけて』岩波書店、二〇〇八年。

36 たとえば、「教育学はどこへ」と題された一九九六年における日本教育学会のシンポジウムにおいて、パネリストの鈴木晶子氏は、「どんな『パラダイム』も、『ドグマ』ないし『フィクション』であるということの可能性と限界とを有している」がゆえに、教育学には、「現在や過去の『パラダイム』を『パラダイム』として確認すること」で、「現在および過去の学問研究が、ある時代やある場所にいかに拘束された相対的な存在であったか、言いかえれば、フィクションとして存在していたかを確認する作業」が求められていると発言している。（鈴木晶子「フィクションとしての近代教育（学）」、『教育学研究』第64巻―1号、一九九七年、七頁。）

こうした主張に対して、会場からは、それでは結局教育学の「どこへ」がみえないという批判がなされることになったが、これに対しパネリストたちは、「枠コワシ」「枠ハズシ」をしたあとに何かが見えてくるといったものではない、と答えたり、結局限界を意識しながらしかもオズオズと進むしかない、と答えたりしたと報告されている。（小笠原道雄「討論のまとめ」、『教育学研究』第64巻―1号、一九九七年、一五頁。）

37 たとえば以下のようなものがある。Amy Gutmann, *Democratic Education*, Princeton University Press, 1987.（エイ

38 ミー・ガットマン著、神山正弘訳『民主教育論――民主主義社会における教育と政治』同時代社、二〇〇四年。）

39 宮寺晃夫『リベラリズムの教育哲学――多様性と選択』勁草書房、二〇〇〇年、五四頁。

40 前掲書、一六四頁。

41 前掲書、九〇頁。

「正当化」と「正統化」の意味の違いは、さしあたり次のように考えておいてよいだろう。すなわち、前者の「正当化」は、どのような社会や教育を「よい」といいうるかのできるだけ広く深い納得の得られる根拠を見出そうとするものであるのに対して、後者の「正統化」は、その根拠を、伝統などローカルな根拠から取り出そうとするものである、と。

42 たとえば、宮寺氏はラズ（Joseph Raz）の提唱する卓越主義的リベラリズム（perfectionistic liberalism）にさしあたりの可能性を見出しているが、これも一つの「立場」表明といわざるを得ないものである。

卓越主義的リベラリズムとは、リベラリズムの価値である「寛容」を、普遍的価値として基礎づけるものである。従来、リベラリズムは「寛容」の価値を、「誰も自分の考えの正しさを証明できない」という懐疑論と、「その人の考えは、その人にとっては善いものである」という相対主義の二つによって基礎づけてきた。それに対して卓越主義的リベラリズムは、「寛容」の価値をより積極的に基礎づける。すなわち、相手が弱者であるがゆえに「寛容である」という、ある種愚弄的な「寛容」とは違って、相手の自律性を尊重しつつ、その自律性を実質化していくための具体的な手立て――教育はその手立ての一つ――を積極的に講じていくことを正当性の規範とするのである。

しかしこの考えもまた、結局は一つの「立場」に過ぎず、相対化から免れることはできないだろう。その問題の本質は、なぜ積極的に「寛容」たらねばならないのか、なぜ単に「不干渉」「無関心」であってはならないのか、が、「寛容」の原理内部のみからは導き出すことができない点にある。ここでは「寛容」が、一種の理想・当為になっているのである。

43 この事情については、Kenneth R. Howe, *Understanding Equal Educational Opportunity: Social Justice, Democracy, and Schooling*, Teachers College Press, 1997（ケネス・ハウ著、大桃敏行・中村雅子・後藤武俊訳『教育の平等と正義』東信堂、二〇〇四年）などを参照されたい。

［第二章］

1 以下の諸著作等を参照されたい。竹田青嗣『意味とエロス――欲望論の現象学』ちくま学芸文庫、一九九三年。『ハイデガー入門』講談社、一九九五年。『エロスの世界像』講談社学術文庫、一九九七年。『現象学は〈思考の原理〉である』ちくま新書、二〇〇四年。

2 竹田青嗣『意味とエロス――欲望論の現象学』一四四頁。

3 Martin Heidegger, *Sein und Zeit, Gesamtausgabe*, Bd. 2, Vittorio Klostermann, 1976, §31.（細谷貞雄訳『存在と時間（上）』筑摩書房、一九九四年、31節。）

4 ハイデガーに先駆けて、すでにフッサールも、「統一体としての自我は《私はできる》の一つの体系である」と述べ、「～できる」相関の世界認識について論じている。（Edmund Husserl, *Ideen zu Einer Reinen Phänomenologie und Phänomenologischen Philosophie. Zweites Buch*, Martinus Nijhoff, 1952, S. 253.〔立松弘孝・榊原哲也訳『イデーンII―II』みすず書房、二〇〇九年、九六頁。〕）

5 ハイデガーは、竹田が「欲望」として描き直したものを「気遣い」とか「気分」などと呼んでおり、次のようにいっている。「気分がこわされたり、急に気分が変わったりすることがあるのは、実は現存在にいつもすでに気分があるからなのである。〔中略〕なぜか、それはわからない。そして現存在はそのようなことを知ることはできない。なぜかというと、現存在がそこで現としてのおのれの存在に直面させられるこれらの気分の根源的な開示力にくらべれば、認識にそなわる開示力の射程ははるかに及ばないからである。」（Martin Heidegger, *Sein und Zeit, op. cit.*, S. 179.〔訳書上巻二九二―二九三頁。〕）

6　ハイデガーは次のようにいっている。「あらゆる真理は、それの本質的な現存在的な存在様式に応じて、現存在の存在に相関的（relativ auf...）である」。その際この現存在の存在は、端的に「関心」（Sorge）として示されている。（*Ibid.*, S. 300, 76.〔訳書上巻、四六九―四七〇、一三八頁。〕）

7　この点については以下の拙稿も参照されたい。苫野一徳「構造構成主義による教育学のアポリアの解消――教育学研究のメタ方法論」、西條剛央・京極真・池田清彦編著『信念対立の克服をどう考えるか――構造構成主義研究2』北大路書房、二〇〇八年、八八―一一〇頁。

　この論文は、竹田現象学を継承した西條剛央氏の体系化した、「構造構成主義」を基軸に書かれたものである。西條氏は、「欲望相関性」よりも「志向（関心）相関性」の概念を中心原理とすることで、人間科学の領域において現象学の射程をより広げうるメタ理論を体系化した（西條剛央『構造構成主義とは何か――次世代人間科学の原理』北大路書房、二〇〇五年）。ただここで詳論することは控えるが、私の考えでは、構造構成主義は科学（フッサールのいう「事実学」）の領域においては極めて重要な貢献を果たしたが、「教育」や「政治」といった意味や価値の領域を扱うテーマについては、まさに意味や価値を問うことを本領とする現象学の方が向いている。そこで本節や次節の内容は、この拙稿の現象学的再構築という側面もある。

8　以下の諸著作・論文等を参照されたい。Amy Gutmann, *Democratic Education*, Princeton University Press, 1987.（エイミー・ガットマン著、神山正弘訳『民主教育論――民主主義社会における教育と政治』同時代社、二〇〇四年。）Kenneth R. Howe, *Understanding Equal Educational Opportunity: Social Justice, Democracy, and Schooling*, Teachers College Press, 1997.（ケネス・ハウ著、大桃敏行・中村雅子・後藤武俊訳『教育の平等と正義』東信堂、二〇〇四年。）Hary Brighouse, "Educational Equality and Justice," in *A Companion to the Philosophy of Education*, ed. by Randall Curren, Blackwell Publishing, 2003, pp. 471-486. 宮寺晃夫『リベラリズムの教育哲学――多様性と選択』勁草書房、二〇〇四年。

9　この模様については、たとえば以下の著書などを参照されたい。Stephen Mulhall & Adam Swift, *Liberals and*

Communitarians, 2nd Edition, Blackwell, 1996.（谷澤正嗣・飯島昇藏ほか訳『リベラル・コミュニタリアン論争』勁草書房、二〇〇七年。）

10 以下の著書などを参照されたい。Will Kymlicka, *Contemporary Political Philosophy: An Introduction*, 2nd Edition, Oxford University Press, 2002.（ウィル・キムリッカ著、千葉眞・岡崎晴輝他訳『新版　現代政治理論』日本経済評論社、二〇〇五年。）

11 John Rawls, *Justice as Fairness: A Restatement*, Erin Kelley ed., Belknap Press of Harvard University Press, 2001.（ジョン・ロールズ著、田中成明・亀本洋・平井亮輔訳『公正としての正義　再説』岩波書店、二〇〇四年、二七、七七頁。）

12 John Rawls, *A Theory of Justice*, Belknap Press of Harvard University Press, p. 64.（ジョン・ロールズ著、川本隆史・福間聡・神島裕子訳『正義論（改訂版）』紀伊國屋書店、二〇一〇年、一〇〇頁。）

13 John Rawls, *Justice as Fairness: A Restatement*.（ジョン・ロールズ著、田中成明・亀本洋・平井亮輔訳『公正としての正義　再説』七五頁。）

14 Robert Nozick, *Anarchy, State, and Utopia*, Basic Books, 1974, Chap. 7.（ロバート・ノージック著、嶋津格訳『アナーキー・国家・ユートピア――国家の正当性とその限界』木鐸社、二〇〇六年、第七章。）

15 同じく道徳・義務論的アプローチの論者と私が考えるロナルド・ドゥウォーキンは、ロールズや自身の理論を「義務論」ではなく「権利論」として解釈しているので、この点についても少し註記しておきたい。

ドゥウォーキンによると、法・政治理論には、「目標に基礎を置く理論」「義務に基礎を置く理論」「権利に基礎を置く理論」がある。「目標に基礎を置く理論」は、ある特定の政治的利益を目標にする、ファシズムに親和的な理論、「義務に基礎を置く理論」は、カント的な絶対義務を措定する理論、「権利に基礎を置く理論」は、個人の価値をどこまでも擁護する理論、とされる。(Ronald Dworkin, *Taking Rights Seriously*, Harvard University Press, 1977, pp. 172-177.)

先述したように、私がロールズの理論を「道徳・義務論」と呼ぶのに対して、ドゥウォーキンはこれを「権利に基礎を置く理論」であるという。そしてその上で、残り二つの理論モデルに対する優位性を主張する。「目標」も「義務」も、超個人的な（個人に先立って措定されている）ものだからである、というのがその理由である。

しかし私の考えでは、ドゥウォーキンが類型化した三つの理論モデルは、「権利に基礎を置く理論」も含め、結局のところ全てが「道徳・義務論的アプローチ」である。「目標」も「義務」も「権利」も、どれも何らかの形で超越項化された、「道徳・義務」として提示されているからである。

ドゥウォーキンがファシズムに親和的という「目標に基礎を置く理論」が、たとえば「劣等民族は排除されなければならない」という「目標」を掲げたとするなら、その目標は超越項化された「（道徳的）義務」となる。ロールズの、生まれの差を無効化しようとする理論構成も、本論で述べたように一つの超越項化された「道徳的義務」である。ドゥウォーキンがいう「権利」も、諸個人の価値を絶対に擁護すべしとする、超越項化された「道徳的義務」である。

なぜ理論が超個人的であってはならず「権利」を基礎にしなければならないのか、ドゥウォーキンは論証しない。というよりは、ドゥウォーキンが主張する「権利に基礎を置く理論」は、諸個人の「権利」をほとんど先験的に措定しているのである。法・政治理論は超個人的であってはならず、そもそも個人の権利を基礎にしなければならないものである。ドゥウォーキンの論じ方は、そのような先験的アプローチである。ハーバーマスやローティもいうように、ドゥウォーキンはポスト形而上学の理論構成をしているかにみえて、実はある絶対的義務を打ち出してしまっているのである（ユルゲン・ハーバーマス著、河上倫逸・耳野健二訳『事実性と妥当性――法と民主的法治国家の討議理論にかんする研究（上）』未來社、二〇〇二年、八七頁。Richard Rorty, "The Priority of Democracy to Philosophy," in Merrill D. Peterson & Robert C. Vaughan ed., *The Virginia Statute for Religious Freedom*, Cambridge University Press. p. 259.〔リチャード・ローティ著、冨田恭彦訳『連帯と自由の哲学』岩波書店、一九八八年、一六七―一六八頁〕）。

したがって繰り返すが、ドゥウォーキンがどれほどロールズを「権利に基づく理論」と主張したところで、それは結局、私のいう「道徳・義務論的アプローチ」の範疇内にある。要するに「道徳・義務論的アプローチ」は、ポスト形而上学の時代においては一見そうみえないように記述されているかも知れないが、しかし結局のところ、われわれの「義務」を何らかの形で多かれ少なかれ先験的に——すなわち検証不可能な形で——措定するアプローチなのである

16 マイケル・サンデル著、菊池理夫訳『リベラリズムと正義の限界（原著第二版）』二〇〇九年、勁草書房、二五九頁。

17 テイラーは次のようにいっている。

「どの問題が重要なのか、それを決めるのはわたしではありません。〔中略〕言い方を変えれば、重要なことがらを背景にして、その背景と照らし合わせることでしか、わたしは自分のアイデンティティを定義できないのです。」(Charles Taylor, *The Ethics of Authenticity*, Harvard University Press, 1992, p. 40.〔チャールズ・テイラー著、田中智彦訳『〈ほんもの〉という倫理——近代とその不安』産業図書、二〇〇四年、五六—五七頁。〕)

18 *Ibid.*, pp. 51-53.（訳書、七一—七三頁。）

19 コノリーも、テイラーの思想について次のようにいっている。

「それは、あるときには道徳的な『べきである』となるし、別のときには論理的な『はずである』となる。また別のときには、道徳的な『べきである』が暗黙のうちに論理的な『はずである』であるかのように扱われる場合もある。」(William E. Connolly, *Identity／Difference: Democratic Negotiations of Political Paradox*, Cornell University Press, 1991, p. 111.〔杉田敦・齋藤純一・権左武志訳『アイデンティティ／差異——他者性の政治』岩波書店、一九九八年、二〇七頁。〕)

ただしこうしたテイラーなどのアプローチに対してとるコノリーの戦略は、いわば一切の「べし」を疑問視し続ける、ほとんど相対主義的な戦略であるといってよい。前掲書の冒頭において、コノリーは次のようにいってい

る。

「本書が追求するのはアゴーン的な配慮の倫理であり、それは、自らが是認するアイデンティティについてしばしばなされる真理性の想定まで、不確実視するような倫理である。」（*Ibid.*, p. 14.〔訳書、二三頁。〕）

20 エレン・ケイ著、小野寺信・小野寺百合子訳『児童の世紀』冨山房、一九七九年、三九―四〇頁。

21 前掲書、四二―四三頁。

22 前掲書、九七頁。

23 この点に関しては、齋藤純一氏も次のようにいっている。

「テイラーの議論の問題は、そうした各人の価値判断を方向づけるべき『意味＝重要性の先行的な地平』は、いったい誰によって解釈されるのかということにある。その『地平』を共有しているとされる共同体に解釈の『最終的な権威』が委ねられるのだとすれば、『共通善』による自由の抑圧という帰結を避けることはできないだろう〔後略〕。」（齋藤純一『自由』岩波書店、二〇〇五年、三四頁。）

24 Richard Rorty, "Science as Solidarity," *The Rhetoric of the Human Sciences*, ed. by John Nelson et al, 1987, p. 42.（リチャード・ローティ著、冨田恭彦訳『連帯と自由の哲学』岩波書店、一九八八年、一四頁。）

25 Michael Walzer, *Politics and Passion: Toward More Egalitarian Liberalism*, Yale University Press, 2004.（マイケル・ウォルツァー著、齋藤純一・谷澤正嗣・和田泰一訳『政治と情念――より平等なリベラリズムへ』風行社、二〇〇六年。）

たとえばウォルツァーは、集団内の「共通善」も、それが集団内の人々の自由を抑圧する場合には、中立的リベラリズムを修正して、何らかの形で介入することが必要だと説く。あるいは逆に、著しく不利益を被っているマイノリティ集団に対しては、何らかのエンパワメントを積極的に行っていく必要があると説く。

ちなみにこのような主張は、ウォルツァーだけでなくキムリッカやまたテイラーも行っているが、その根拠となった「方法」は、それぞれに少しずつ異なっている。先述のようにテイラーは「状態・事実論的アプローチ」であり、キムリッカは、若干ウォルツァーに近いともいえるが、「義務を生みだす善悪が存在し、万人はその善悪を尊重すべきだ」と明示的に述べているように、その基本的なアプローチは「道徳・義務論的アプローチ」のように思われる。(Will Kymlicka, *Multicultural Citizenship: A Liberal Theory of Minority Rights*, Clarendon Press, 1995.〔石山文彦・山崎康仕ほか訳『多文化時代の市民権――マイノリティの権利と自由主義』晃洋書房、一九九八年。〕Charles Taylor, et al., *Multiculturalism: Examining the Politics of Recognition*, Princeton University Press, 1994.〔佐々木毅ほか訳『マルチカルチュラリズム』岩波書店、一九九六年。〕)

26 John Dewey, *Democracy and Education: An Introduction to the Philosophy of Education*, in *The Middle Works*, Vol. 8, Southern Illinois University Press, 1980, Chap. 4.(ジョン・デューイ著、松野安男訳『民主主義と教育(上)』岩波文庫、一九七五年、第四章。)

27 John Dewey, *Experience and Education*, in *The Later Works*, Vol. 13, Southern Illinois University Press, 1988, p. 19.(ジョン・デューイ著、市村尚久訳『経験と教育』講談社学術文庫、二〇〇四年、四九―五〇頁。)

28 デューイプラグマティズムの意義と問題、およびその克服の理路については、以下の拙稿を参照していただきたい。苫野一徳「教育的経験=『成長』の指針の解明素描――ヘーゲル哲学のデューイ経験哲学への援用」、『日本デューイ学会紀要』第50号、二〇〇九年、九一―一〇五頁。苫野一徳「現象学によるデューイ経験哲学のアポリアの克服」、西條剛央・京極真・池田清彦編『なぜいま医療でメタ理論なのか――構造構成主義研究3』、北大路書房、二〇〇九年、一一〇―一三六頁。

29 たとえば『アイデンティティに先行する理性』等において、センは私のいうところの状態・事実論的アプローチを明確に批判しながら、ロールズ的アプローチへの支持を表明している。その一方で、『自由と経済開発』等においては、「正義は大砲のようなものであり、一匹の蚊を殺すために撃つ必要はない」というベンガルの諺を紹介しながら、一元的な正義を決めるのではなく、状況に応じてプラグマティックに問題を解決していく道筋を提案している。彼の提唱する有名な「ケイパビリティアプローチ」は、まさに、何が私たちに必要な「基本財」であるかを一義的に決定することなく、むしろ状況に応じて変わりうる、そうした「基本財」を使いこなせる能力を重視するというものである。

30 Nel Noddings, *Caring : A Feminine Approach to Ethics & Moral Education*, University of California Press, 1984, p. 105.（立山善康ほか訳『ケアリング：倫理と道徳の教育——女性の観点から』晃洋書房、一九九七年、一六四頁。）

ただし、こうした「抽象的倫理学」のオルタナティヴとして「ケア」の概念を提示したノディングズの理論も、結局はその都度その都度の具体的場面でケア的倫理に基づくことができれば望ましいと主張するにとどまっており、特にマクロな教育構想をどのような考えに基づいて行っていけばよいかという問題については射程外である。

［第三章］

1 岡本裕一朗『ヘーゲルと現代思想の臨界——ポストモダンのフクロウたち』ナカニシヤ出版、二〇〇九年、一一六頁。

2 日本では、長谷川宏氏によるヘーゲルの諸著作の新訳が出たことが大きい。

3 アクセル・ホネット著、島崎隆・明石英人・大河内泰樹・徳地真弥訳『自由であることの苦しみ——ヘーゲル『法哲学』の再生』未來社、二〇〇九年。

4 たとえば以下を参照されたい。Robert R. Williams, ed., *Beyond Liberalism and Communitarianism: Studies in Hegel's Philosophy of Right*, State University of New York Press, 2001.（ロバート・R・ウィリアムズ編、中村浩爾・牧野広義・形野清貴・田中幸世訳『リベラリズムとコミュニタリアニズムを超えて——ヘーゲル法哲学の研究』文理閣、二〇〇六年。）

もっとも本書では、リベラル－コミュニタリアン論争をヘーゲル哲学によってどのように解消することができるか、その具体的かつ積極的な理路は打ち出されていないように思われる。

5 Isaiah Berlin, *Four Essays on Liberty*, Oxford University Press, 1969, p. 121.（アイザイア・バーリン著、小川晃一・

小池鉦・福田歓一・生松敬三訳『自由論』みすず書房、一九七九年、三〇三頁。）

6 本書ではこのことを他の自由論と比較検討しながら論じる余裕はないが、かつて私はヘーゲル自由論のバーリンの自由論に対する優位について論じたことがある。以下の拙稿を参照されたい。苫野一徳「ヘーゲル『自由』論の射程——社会原理論としてのヘーゲル哲学再考」、『イギリス理想主義研究年報』第5号、二〇〇九年、一一—二〇頁。また、竹田青嗣『人間的自由の条件——ヘーゲルとポストモダン思想』講談社、二〇〇四年、には、カントやフィヒテ、シェリングら他の近代哲学者たちの「自由」論に対するヘーゲル「自由」論の原理性が論証的に述べられている。

7 G.W.F. Hegel, *Grundlinien der Philosophie des Rechts oder Naturrecht und Staatswissenschaft im Grundrisse*, in *Werke*, Bd. 7, Suhrkamp, 1976.（藤野渉・赤沢正敏訳『法の哲学』（世界の名著44）中公バックス、一九七八年。）

8 ハンナ・アーレント著、引田隆也・齋藤純一訳『過去と未来の間』みすず書房、一九九四年、二一七頁。

9 アウグスティヌス著、服部英次郎訳『神の国（一）』岩波書店、一九八二年、第九章。

10 ジャン・ボードリヤール著、今村仁司・塚原史訳『消費社会の神話と構造』紀伊國屋書店、一九七九年、六八頁。

11 ニクラス・ルーマン著、村上淳一訳『社会の教育システム』東京大学出版会、二〇〇四年、二七三頁。

12 ハンナ・アーレント著、引田隆也・齋藤純一訳『過去と未来の間』一九八頁。

13 その意味では、これはヘーゲルのいう、自由の最も原初的なあり方、すなわち「自我のまったくなんともきめられていない純粋な無規定性」（『法の哲学』§5）であるといっていいだろう。先にみたように、ヘーゲルは私たちは現実的にはやがてこの様態を止揚せざるを得なくなるといっているが、その一種純粋な形式は、たとえばインドの古代宗教における梵我一如に見られるという。もっともヘーゲルはこれを現実的ではないとして低く見ているのだが、それでもなお私たちは、そのような「幸福」＝自由のあり方もあるということについては、認めることができるはずである。

14 G.W.F. Hegel, *Phänomenologie des Geistes*, in *Werke*, Bd. 3, Suhrkamp, 1970, S. 146-147.（金子武蔵訳『精神の現象

学（上）』岩波書店、一九七一年、一八五頁。）

15 たとえばルーマンは、人間を理性を持った存在として他の動物と区別して語ることは、「とっくに時代遅れになっているのではないか」といっている。（ニクラス・ルーマン著、村上淳一訳『社会の教育システム』一九八頁。）

16 *Ibid.*, S. 149.（訳書上巻、一八八頁。）

17 コジェーヴも次のようにいっている。「**動物**は**自己感情**（Selbst-*gefühl*）の域にしか到達せず、**自己意識**（Selbst-*bewußtsein*）の域には高まらない。すなわち、動物は自己について語ること、『**我**は……』と言うことができない。〔中略〕**欲望**は他者の**欲望**に、そして他者の**欲望**に向かわなければ人間的ではない。より正確に言うならば、『人間を人間たらしめ』、『人間の生成をもたらすもの』ではない。人間的であるためには、人間は物を服せしめるためではなく（物に向かう）他者の**欲望**を服せしめるべく行動しなければならない。」（アレクサンドル・コジェーヴ著、上妻精・今野雅方訳『ヘーゲル読解入門——「精神現象学」を読む』国文社、一九八七年、五四—五五頁。）

18 この概念は、ヘーゲルの〈相互承認〉の概念を竹田が再定式化したものである。竹田青嗣『人間的自由の条件——ヘーゲルとポストモダン思想』講談社、二〇〇四年、を参照されたい。

19 アレクサンドル・コジェーヴ著、上妻精・今野雅方訳『ヘーゲル読解入門——「精神現象学」を読む』六〇頁。

20 前掲書、五七頁。

21 『法の哲学』§5においても、ヘーゲルは、この絶対的無限性を主張する自由について、「フランス革命の恐怖時代がこれに属するのであって、才能とか権威とかのいっさいの区別は廃止されるものとされた。〔中略〕それゆえにまた人民は革命のなかで、人民自身がつくったものであったもろもろの制度をまたしても破壊したのである」と述べている。

22 G.W.F. Hegel, *Phänomenologie des Geistes, op. cit.,* S. 436.（金子武蔵訳『精神の現象学（下）』岩波書店、一九七五年、九〇五頁。）

23 *Ibid.*, S. 436.（訳書下巻、九〇六頁。）

24 ハンナ・アレント著、志水速雄訳『革命について』ちくま学芸文庫、一九九五年。

25 前掲書、一六六頁。

26 プルードン著、渡辺一訳『十九世紀における革命の一般理念——革命と産業の実践に関する論集』（世界の名著42）中央公論社、一九六七年、二二五頁。

27 バクーニン著、勝田吉太郎訳『神と国家』（世界の名著42）中央公論社、一九六七年、二四七頁。

28 プルードン著、渡辺一訳『十九世紀における革命の一般理念——革命と産業の実践に関する論集』一六三頁。

29 ルソー著、桑原武夫・前川貞次郎訳『社会契約論』岩波文庫、一九五四年、一五頁。

30 もっともここで、「すべての人」とは誰か、という問いが発せられるだろう。特にポスト・ナショナルな現代社会において、これは難しい問題である。遠藤乾氏もいうように、「政治体を形成する一定領域の人たちだけの『同意』で済むとしていた社会契約説は、ここにその領域国家的な前提を露わにするのである。さらに言うと、政治思想史の中でこの点について長らく軽視されてきたことが、その前提の強さを物語ってもいよう。」（遠藤乾「ポスト・ナショナルな社会統合——多元な自由の語り口のために」齋藤純一編『自由への問い1　社会統合——自由の相互承認に向けて』岩波書店、二〇〇九年、一六二頁。）

そこでここではさしあたり、「すべての人」は何らかの領域内にあらかじめ囲い込まれた者たち、というわけではなく、状況に応じて常に変わりうる、ということをいっておきたい。実践的には、ウォルツァーがいうように、その成員資格は「すでに成員《メンバー》である私たちがその選択を行う」といえるだろう。（Michael Walzer, *Spheres of Justice: A Defence of Pluralism and Equality*, Basic Books, 1983, p. 32.〔山口晃訳『正義の領分——多元性と平等の擁護』而立書房、二〇〇六年、六三頁。〕）

一般的にいって、「すべての市民」の枠は、すべてのステイクホルダーとして、漸次的に拡大されていく傾向も必要もあるだろう。しかしいずれにせよ、この後繰り返し論じるように、「一般意志」はこれが絶対的に現実可能であるかどうかという問題をはらむ概念ではなく、あくまで権力の「正当性」をはかるための基準原理である。

31 竹田もまた次のようにいっている。
「わたしが繰り返し確認したいのは、現在、「一般意志」といった〝民主主義的概念〟は欺瞞的であると非難する人々にとっても、彼が他者に投げかける異議や批判は、じつは「一般意志」の概念によってしか正当化されず、根拠づけられないということである。もしも「自由の相互承認」「一般意志」という原理を投げ捨てるなら、われわれは社会や他者を批判するための、そして「善」を擁護するための本質的な根拠を、人間的「自由」の本質から取り出さないで、「自己信念」の絶対的擁護や、絶望からの反動形成による「絶対正義主義」などから取り出すほかなくなるのである。」（竹田青嗣『人間的自由の条件――ヘーゲルとポストモダン思想』講談社、二〇〇四年、四六一頁。）

32 アーレントは次のようにいっている。
「ルソーは一般意志のこの隠喩を真面目に、また文字通りに受けとっていたので、国民を、一個人のように、一つの意志によって動かされる一つの肉体と考えていたのである。」（志水速雄訳『革命について』一一五頁。）

　またハーバーマスは次のようにいっている。

「非公共的意見を根拠にするルソーの民主主義は、結局のところ、世論操作的な実力行使を必要とするのである。」（細谷貞雄・山田正行訳『公共性の構造転換――市民社会の一カテゴリーについての探究』未來社、一九七三年、一三九頁。）要するに、ルソーは世論操作的実力行使を通して意見を統一化しようとしたというのである。

33 ユルゲン・ハーバーマス著、河上倫逸・耳野健二訳『事実性と妥当性――法と民主的法治国家の討議理論にかんする研究（上）』未來社、二〇〇二年、一六七頁。

34 もちろん、ロールズの主著が「一つの正義の理論」（*A Theory of Justice*）として書かれてあるように、ロールズ自身、正義の構想が一義的に定められるものでないことは自覚していた。川本隆史氏もいうように、「まさしく現代正義論とは確定した理論的立場から相対立する社会正義の諸構想を審判するという構えを採れない」のである（川

本隆史『現代倫理学の冒険』創文社、二〇〇三年、九頁)。

しかしそれでもなお、ロールズのアプローチが、これこそが道徳的な社会だ、ということを決定しようとする、道徳・義務論的アプローチであったことは先に見た通りである。

実際ロールズは、一切の属性を無知のヴェールに覆われた原初状態を設定すれば、ここで合意されたことは正義の原理として提示しうると考えた。すなわち、〈一般意志〉を代表しうると考えたのだ。しかもやはり先述したように、この原初状態を設定するという理論構成の中には、生まれの差や能力の差によって社会的境遇に差が出ることは道徳的にいっておかしいという、ロールズのそもそもの道徳・義務論的アプローチの問題が潜んでいた。

要するにロールズの誤りは、道徳・義務論的アプローチから一般意志が絶対的に実現された状態(原初状態)を想定し、そしてそこで決定された内容を超越項化してしまった点にあるわけだ。

繰り返すが、ロールズは格差原理を、原理としてではなく状況相関的な実践理論として描き出すべきだった。格差原理は、どのような状況であれば一般意志を最も代表しうるといいうるか、と、そのように問うべきだったのである。

35 西條剛央氏は、「『言われてみて思い当たること』と、それを『身につけ』『実践している』ことはまったく異なる」といっているが、至言だろうと思う。(西條剛央『構造構成主義とは何か——次世代人間科学の原理』北大路書房、二〇〇五年。)

36 もっとも自由の相互承認の原理に基づく限り、あまりに排外的な共同体的共通善の涵養は制限される必要がある。

37 よく知られているように、ドイツ語のRechtは、法、権利、あるいは正義といったように訳される。また、『権利のための闘争』で有名な一九世紀の法学者イェーリングは次のようにいっている。

「客観的な意味におけるレヒト〔法〕とは、国家が手がけるもろもろの法原則の総体、法律による生活秩序である。主観的な意味におけるレヒト〔権利〕とは、抽象的な準則が人の具体的権能として具体的なかたちをとったものである。」(ルドルフ・フォン・イェーリング著、村上淳一訳『権利のための闘争』岩波文庫、一九八二年、三二

——三三頁。)

38 コンドルセ著、松島鈞訳『公教育の原理』明治図書出版、一九六二年、九頁。

39 前掲書、一二頁。

ちなみにコンドルセは、知識獲得はいわば能力に応じることになるが、それがかえって弱者の支えとなるのであれば、不平等や不正義という必要はない、といっている。

40 John Dewey, *Experience and Education*, in *The Later Works*, Vol. 13, Southern Illinois University Press, 1988, p. 43.(ジョン・デューイ著、市村尚久訳『経験と教育』講談社、二〇〇四年、一〇五頁。)

41 *Ibid.*, p. 44.(訳書一〇九頁。)

42 西研『ヘーゲル——大人のなり方』NHKブックス、一九九五年。

43 イマヌエル・カント著、三井善止訳『人間学・教育学』玉川大学出版部、一九八六年、三一八頁。

44 特に教育政策のレベルでは、この対立は今もなお中心的なテーマとなっている。一例を挙げると、一九九九年、小渕首相(当時)の諮問機関「『二一世紀日本』の構想」委員会の第5部会は、学校教育の機能を「国家のための教育」と「個人のための教育」に二分し、公教育を「国家のための教育」に限定する「公教育のスリム化」を提唱した。

45 イリッチはこれを機会のウェブ(opportunity web)と呼んでいる。『脱学校の社会』東京創元社、一九七七年、第六章を参照されたい。

46 この点については、第一章で挙げた藤田英典氏や苅谷剛彦氏の著書を参照していただきたい。

47 教育ヴァウチャーは、学校教育に使用が限定されたクーポン券を子ども一人一人(の保護者)に配布し、各子ども(家庭)が自由に学校を選べるようにする制度。現実には、クーポンを配布するのではなく、各学校に生徒数に応じた補助金が支払われるシステムである方が一般的である。アメリカの一部の州ほかいくつかの国で実施されているが、格差拡大を懸念する声が強い。しかし他方で、設計如何によっては、むしろ格差を縮小することが可能であるとする声もある。教育ヴァウチャーについては、以下の相反する主張をしている二つの著書を参照されたい。福井秀夫編『教育バウチャー――学校はどう選ばれるか』明治図書出版、二〇〇七年。嶺井正也・中川登志男『学校選択と教育バウチャー――教育格差と公立小・中学校の行方』八月書館、二〇〇七年。

48 学校選択制を理論的に擁護した黒崎勲氏は、学校選択制は単なるナイーヴな市場原理主義に教育を投げ込むことではなく、あくまでも「抑制と均衡」の原理に基づいて行われるべきである、と述べた上で、次のようにいっている。

「学校選択の意義の提唱は、公立学校制度の伝統的規範に縛られて公立学校の改革を妨げている教育行政の官僚化を打破し、個々の学校の改革の努力を導きだすためには、学校選択制度が必要であると説くものである。」（黒崎勲『教育の政治経済学［増補版］』同時代社、二〇〇六年、九七頁。）

　黒崎氏が現代学校教育の根本的な問題と考えているのは、「公立学校が私立学校と競合し、公立学校離れ、私学ブームとさえ呼ばれる事態を生じていること」（前掲書、六三頁）である。したがって学校選択制の最大のねらいは、黒崎氏によれば、中央集権を脱し公立学校の自主的活性化を促進する点にある。

　黒崎氏の論は明快であり、またその学術的裏付けも極めて説得的であるように思える。しかし私の考えでは、黒崎氏の掲げる「公立学校の活性化」という目的を達成するために、「学校選択制」をその方法とすることは、ひと言でいってリスクが高すぎる。地域によってはすでに格差拡大の懸念が現実のものとなってきた今、私たちはより穏当な方法を見出すことができるはずであるし、またその必要があるだろう。できるだけ現場の自主的活性化を促進する方法は、ほかにもあるはずである。第四章ではその一端についても紹介したい。

49 ハンナ・アーレント著、引田隆也・齋藤純一訳『過去と未来の間』みすず書房、一九九四年、二五四頁、二五五頁。

50 佐藤学「カリキュラム研究と教師研究」、安彦忠彦編『新版カリキュラム研究入門』勁草書房、一九九九年、一五九頁。

51 前掲、一七五頁。

52 John Dewey, *Experience and Education*, *op. cit.*, p. 48.（訳書一一六―一一七頁。）

53 アルフレッド・N・ホワイトヘッド著、森口兼二・橋口正夫訳『教育の目的』（ホワイトヘッド著作集第9巻）松籟社、一九八六年、二頁。

54 前掲書、一頁。

55 前掲書、一〇頁。

56 それは忍耐のための訓練であるとか、いつか役に立つこともあるとかいった反論もありうるが、この点については次のデューイの批判が極めて適切である。すなわち、「反応が特殊化されればされるほど、それを練習し、完成することで獲得される熟練は、他の行動様式に転移しにくくなるのである」。それに対して、「文脈が広ければ広いほど――すなわち、調整された刺激と反応が多様であればあるほど――獲得された能力は、他の行為を効果的に遂行するのにいっそう役に立つ」。（John Dewey, *Democracy and Education: An Introduction to the Philosophy of Education*, in *The Middle Works*, Vol. 8, Southern Illinois University Press, 1980, p. 69, 70.〔ジョン・デューイ著、松野安男訳『民主主義と教育（上）』岩波文庫、一九七五年、一〇九、一一〇頁。〕）

57 Amy Gutmann, *Democratic Education*, Princeton University Press, 1987, p. 44.

58 その意味において、こうした「学び（探究）の方法」をより十全に育成しうる、探究的な学習や協同的な学習の意義は強調されなければならないが、それは、単に子どもたちの興味・関心を惹きつけることができるからという理由にのみよるのではなく、むしろ本質的には、右に述べてきたように、それが各人の〈自由〉の実質化を可能にする、最も根本的な方法の一つであるからだ。つまりそうした学びの経験こそが、佐藤学氏がいうように、「一人ひとりの学びをより高いレベルに導く」ことにつながるのである（佐藤学『学校の挑戦――学びの共同体を創る』小学館、二〇〇六年、三六頁）。

とはいえ私は、従来、「探究的学習」「協同的学習」あるいは「経験学習」などと呼ばれるものと対立的に捉えられてきた、いわゆる「教え込み」もまた否定するものではない。多様な教育方法について、私たちはどう考えればよいか。その根本的な考え方については次章で論じることにしたい。

59 第一章でもいったように、近年「知識・理解」から「関心・意欲・態度」へと「学力観」が転換されたが、しかしその後多方面からその問題が指摘されることになり、今になって再び、新しい学力観が模索されている。

60 アンソニー・ギデンズ著、佐和隆光訳『第三の道——効率と公正の新たな同盟』日本経済新聞社、一九九九年、二〇八頁。

61 もっとも「新しい学力観」のもとでは、「関心・意欲・態度」を重視する内申点もまた、大きな「選抜」のための要素となる。その問題については第一章で指摘した。

62 ハンナ・アレント著、志水速雄訳『人間の条件』ちくま学芸文庫、一九九四年、第五章三三～三四節。

63 イマヌエル・カント著、三井善止訳『人間学・教育学』三七一頁。

64 G.W.F.ヘーゲル著、長谷川宏訳『法哲学講義』作品社、二〇〇〇年、三五四頁。

65 前掲書、三五三頁。

66 前掲書、三五四頁。

67 一般的には、というのは、障がいその他の理由で、〈教養＝力能〉が十全に獲得できない子どもたちもいるからだ。しかしいうまでもなく、〈自由の相互承認〉の原理に基づく限り、そうした子どもたちの自由が損なわれることは許されない。社会は、〈教養＝力能〉の獲得の困難に応じて、いわば（法的な）「保護」の度合いを高めていく必要がある。

68 ルドルフ・フォン・イェーリング著、村上淳一訳『権利のための闘争』岩波文庫、一九八二年、二九頁。

69 金泰明『共生社会のための二つの人権論』トランスビュー、二〇〇六年。

70 竹田青嗣『人間的自由の条件——ヘーゲルとポストモダン思想』四三六—四三七頁。

71 先に註記したように、障がいその他の理由で〈教養＝力能〉を十分には獲得し得ない子どもたちの〈自由〉の実質化が決して排除されてはならない原理的根拠も、この一般福祉の原理にある。一般福祉は公教育を含む社会政策一般の正当性の原理である。したがって、教育では現実的に〈自由〉を実質化することが困難な人たちに対しては、また別の社会政策がこれを補う必要があるのである。まさに一般福祉の原理こそが、公教育の力が及ばない側面を、他の社会政策によって補完する根拠となるわけである。

72 Kenneth R. Howe, *Understanding Equal Educational Opportunity: Social Justice, Democracy, and Schooling*, Teachers College Press, 1997.（ケネス・ハウ著、大桃敏行・中村雅子・後藤武俊訳『教育の平等と正義』東信堂、二〇〇四年。）

73 ジョン・スチュアート・ミル著、伊原吉之助訳『功利主義論』（世界の名著38）中央公論社、一九六七年、を参照されたい。

ミルは、「究極目的の問題は、ふつうの意味では証明できない」――すなわち絶対に正しい社会原理はない――ということを前提にした上で「何かが望ましいことを示す証拠は、人々が実際にそれを望んでいるということしかない」（四九六―四九七頁）といっている。彼はまさに、われわれはどのような生を欲するかという欲望論的アプローチから、社会構想の原理論を構想しようと考えているのである。そしていう。「功利主義が正しい行為の基準とするのは、行為者個人の幸福ではなく、関係者全部の幸福なのである」（四七八頁）。これは「一般福祉」原理とほぼ同義といっていいだろう。

そしてさらにミルは、私のいう〈原理と実践理論の区別〉という発想にも、ある程度自覚的であったと思われる。すなわち、「正当性」の「原理」は「関係者全部の幸福＝全員が欲すること＝一般福祉」だけであってその内容は決して一義的に決定することはできず、状況相関的な「実践理論」として論じるほかない。現代の功利主義の多くが、何をもって「効用の最大化」といいうるか決定しようと議論しているのに対して、ミルは、それはあくまでも状況相関的な実践理論であるということを、自覚していたように思われる。

74 たとえば、エイミー・ガットマンのいう「非抑圧」と「非差別」の二つの考え方は、教育における「親の選択権」

をめぐる「正当性」を考える際、〈一般福祉〉原理を達成するための極めて妥当な実践理論と解釈することができるだろう。

ガットマンはいう。国家や国家内のどのような集団も、それぞれの集団の利害や信条に捕われて、子どもたちが自らの集団的価値を越え出ることを可能にする、民主主義社会に必要な「理性的熟慮」の育成を妨げてはならない、と。これが「非抑圧」の理論である。むしろガットマンにとって、「非抑圧」とは単に「理性的熟慮」の育成を妨げないということだけを意味するのではなく、教育において積極的にその育成にかかわっていかなければならないということをも意味している（Amy Gutmann, *Democratic Education*, Princeton University Press, 1987, p. 44）。「非差別」の理論は、人種やジェンダー、信仰等の社会的集団の区別なく、「すべての教育可能な子どもたちが教育されなければならない」（*Ibid.* p. 45）とするものである。これは「非抑圧」理論の拡大であるとガットマンもいうように、「非差別」理論と「非抑圧」理論は、「すべての教育可能な子どもたちの、民主主義社会に必要な『理性的熟慮』を育成する」という理論として一元化できる。

ここでいう「理性的熟慮」は、先述したように、教育がその育成を保障する〈教養＝力能〉の重要な契機であるということができるだろう。いわば自らを〈自由〉な存在たらしめるためにはどうすればよいかを考えうる、思考力のことだといっていい。

つまり、親がわが子に自らの望む教育を受けさせたいと思ったとしても、〈一般福祉〉あるいは〈自由の相互承認〉の原理による限り、そこには一定の限界が付されるのである。たとえば、どれほど親が自らと同じ信仰を子どもに強要したいと思ったとしても、もしそれが子どもの〈自由〉を可能にする「理性的熟慮」の育成の機会を著しく奪うことになるとするなら、親の権利には一定の制限が課せられる。

この場合、何をもって子どもの〈自由〉が侵害されているかを一義的に決定することは不可能である。ガットマンもいうように、それは公共的議論と審議に従う民主的な意思決定のプロセスにおいて決定するほかないものである（*Ibid.*, pp. 128-139）。しかし少なくとも、私たちは、子どもたちの「異議申し立て」の機会をできるだけ担保しまたこれをサポートあるいはエンパワーする、制度的保障を充実させる必要があるといっておくことはできるだろう。

［第四章］

1 John Dewey, *Democracy and Education: An Introduction to the Philosophy of Education*, in *The Middle Works*, Vol. 8, Southern Illinois University Press, 1980, p. 151,（ジョン・デューイ著、松野安男訳『民主主義と教育（上）』岩波文庫、一九七五年、二三〇頁。）

2 それゆえデューイは、「純粋に外的な指導は不可能」であると述べ、言葉の厳密な意味における「教え込み」の不可能性を強調したのである（*Ibid.*, Chap. 3.)。

しかし他方でデューイは、一切を子どもの興味・経験に委ねることは、「率直に『教えてやること』よりも有害であろう」ともいっている。「この場合、それがどれだけ身につくかは少なくともその子ども次第なのだから」と（*Ibid.*, p. 62.［訳書上巻九八頁参照］)。これもまた、「経験」における意味の充実を重視するデューイの考えからすれば当然の言明だといっていい。要するに、「経験」や「興味・関心」を重視するにせよ、「教え込み」を徹底するにせよ、デューイは、それが子どもたちの「経験」において意味を持たない限り意味がないという意味における、「経験主義」を提唱したわけである。

にもかかわらず、これまで多くのデューイ主義者たちは、デューイは何よりも直接的な「興味」に基づく経験のみを重視したのだと考えてきた。たとえば、賞罰などを利用した教育をデューイは完全に否定したと多くのデューイ研究者は主張しているが、彼はむしろ次のようにいっているのである。

「子どもを不注意のために罰することさえも、そのことがまったく関係のないことではない、ということを彼に分からせようとするための一つの方法である。それは『興味』を呼び起こすための、あるいは関連についての意識をもたらすための、一つの方法なのである。長い目でみれば、その価値は、それが大人が望むように行為することへの単なる肉体的刺激を与えるか、あるいは子どもを『考える』よう導くか――すなわち、自らの行為を熟慮しそれを目的に沁み込ませることができるか、という点によってはかられるのである。」(*Ibid.*, p. 136.〔訳書上巻二〇八頁参照。〕)

どのような教育方法をとるにせよ、それが子どもたちの「経験」にとって意味を持たない限り無意味である。これが、デューイにおける経験主義教育の要諦である。

3 この点については、次の拙稿を参照されたい。「デューイ『興味』論の現象学＝実存論的再構築――教授法の原理および実践理論体系化序説」、『関東教育学会紀要』第34号、二〇〇七年、三九―五〇頁。「現象学によるデューイ経験哲学のアポリアの克服」、西條剛央・京極真・池田清彦編著『なぜいま医療でメタ理論なのか――構造構成主義研究3』北大路書房、二〇〇九年、一一〇―一三六頁。

4 ハンナ・アーレント著、引田隆也・齋藤純一訳『過去と未来の間』みすず書房、一九九四年、二五六頁。

5 苅谷剛彦『なぜ教育論争は不毛なのか――学力論争を超えて』中公新書ラクレ、二〇〇三年、二六二頁。

6 John Dewey, *Democracy and Education*, *op. cit.*, p. 6.(訳書上巻一四頁。)

7 広田照幸『教育』(思考のフロンティア)岩波書店、二〇〇四年、第三章参照。

8 経験主義哲学の提唱者デューイは、いうまでもなく数多くの「経験」に関する著作を残している。しかし管見の限り、彼は教育における「経験」か「教え込み」かの問題をうまく解消しうるような理路は提示していないし、その後の膨大なデューイ研究においても、少なくとも私の調べた限りでは、この問題をデューイの理論によって原理的に解消した研究は見当たらない。(デューイにおける「経験」概念の曖昧さについては、以下の拙稿を参照されたい。苫野一徳「現象学によるデューイ経験哲学のアポリアの克服」。)

9 フッサールとデューイは同年生まれで、また、フッサールの弟子ハイデガーの『存在と時間』を読んだデューイは、自身の経験主義哲学との親近性を強く感じたと伝えられている(Sidney Hook, *Pragmatism and the Tragic Sense of Life*, Basic Books, 1974, p. xi.)。

実際デューイは次のようにいっているが、これはほとんど、ハイデガーが『存在と時間』で論じたことの引用ではないかとさえ思われるほどである。

「個人が世界のなかで生きるという言明は、具体的には、個人が状況の連続のなかに生きていることを意味する。そして、個人がこれら状況の『なかに』生きていると言われるとき、『なかに』という言葉の意味は、銀貨がポケットの『なかに』あるとか、ペンキが缶の『なかに』あるといわれる場合のその意味とは異なっている。」（John Dewey, *Experience and Education*, in *The Later Works*, Vol. 13, Southern Illinois University Press, 1988, p. 25.〔市村尚久訳『経験と教育』講談社学術文庫、二〇〇四年、六三頁。〕）

ハイデガーの言明は次のようである。

「内＝存在とはどういうことか。われわれはとりあえずこの表現を補って『世界のなかで』の内＝存在として受けとり、この内＝存在を『……のなかに存在する』という意味で理解しがちである。この語法が指しているのは、コップの『なか』の水とか、戸棚の『なか』の着物とかいうように、ほかのあるものの『なか』にある存在者のありかたである。〔中略〕これに対して、内＝存在というのは、現存在の存在構成のひとつを指していて、ひとつの実存範疇である。」（Martin Heidegger, *Sein und Zeit*, *Gesamtausgabe*, Bd. 2, Vittorio Klostermann, 1976, S. 73.〔細谷貞雄訳『存在と時間（上）』筑摩書房、一九九四年、一三二―一三三頁。〕）

要するに両者共に、個人は客体物として世界の中に実在しているのではなく、自らの世界（状況）を経験的に生きているというのである。

10 John Dewey, *The Quest for Certainty: A Study of the Relation of Knowledge and Action*, in *The Later Works*, Vol.4, ed. by Jo Ann Boydston, Southern Illinois University Press, 1984, p. 235.

11 ただし第二章でも論じたように、デューイプラグマティズムの原理は、現象学的な原理に比べればやや不徹底な感を否めない。詳細は、拙稿「現象学によるデューイ経験哲学のアポリアの克服」を参照されたい。

12 西條剛央『構造構成主義とは何か――次世代人間科学の原理』北大路書房、二〇〇五年、五八―五九頁。

13 西條剛央『研究以前のモンダイ——看護研究で迷わないための超入門講座』医学書院、二〇〇九年、一四頁。また以下も参照されたい。山口裕也・苫野一徳・西條剛央（鼎談）「よい教育とは何か——公教育の原理が『現場』を変える」、西條剛央・京極真・池田清彦編著『よい教育とは何か——構造構成主義研究5』北大路書房、二〇一一年、四—七頁。

14 この方法の原理を、特に医療の領域における実践理論構築に援用している、京極真氏の次の論考も参照されたい。京極真「『目的相関的実践原理』という新次元の実践法——構造構成的障害論を通して」、西條剛央・京極真・池田清彦編著『信念対立の克服をどう考えるか——構造構成主義研究2』北大路書房、二〇〇八年、二〇九—二二九頁。ちなみに「目的・状況相関的方法選択」という名称は、本章三節で紹介する、杉並区教育委員会主任分析官山口裕也氏との合作である。

15 この観点を重視した学習指導案の構成法として、以下の論考を参照されたい。山口裕也「構造構成的-教育指導案構成法の提唱——実践知の伝承・継承・学び合いの方法論」、『なぜいま医療でメタ理論なのか——構造構成主義研究3』北大路書房、二〇〇九年、一八三—二一一頁。

16 発達段階という言葉には、子どもたちには進むべき決定された段階があるといった意味が含まれるため、私は個人的には「成長過程」という言葉の方を好むが、ここではあまりこだわらず、この一般的な用語を使うことにした。

17 山竹伸二『「認められたい」の正体——承認不安の時代』講談社現代新書、二〇一一年、六二頁。

18 前掲書、一二〇—一二一頁。

19 オットー・F・ボルノー著、浜田正秀訳『人間学的に見た教育学』玉川大学出版部、一九八七年、六三頁。

20 前掲書、六五—六六頁。

21 以下を参照されたい。ペスタロッチ著、長田新訳『隠者の夕暮れ』岩波文庫、一九四三年。ペスタロッチ著、長尾十三二ほか訳『シュタンツ便り』明治図書出版、一九八〇年。ペスタロッチ著、田尾一一訳『リーンハルトとゲルトルート』玉川大学出版部、一九六四年。

22 Ralph Waldo Emerson, "Education," in *The Complete Works of Ralph Waldo Emerson*, Vol. 10, 1904, p. 151.
23 エーリッヒ・フロム著、日高六郎訳『自由からの逃走』東京創元新社、一九六六年、第二章。
24 山竹伸二『「認められたい」の正体——承認不安の時代』。
25 ジャン＝ジャック・ルソー著、今野一雄訳『エミール（上）』岩波文庫、一九六二年、一二七頁。
26 ルドルフ・シュタイナー著、高橋巖訳『子どもの教育』筑摩書房、二〇〇三年、四五頁。
27 木村素衞『表現愛と教育愛』信濃教育会出版部、一九六五年、一九九頁。
28 以下の議論については、特に次の著書を参照されたい。小川正人『教育改革のゆくえ——国から地方へ』ちくま新書、二〇一〇年、および山口裕也「公教育の『正当性』原理に基づく実践理論の展開——地方自治体教育行政における実践理論の基本型としての〈支援〉」、西條剛央・京極真・池田清彦編著『よい教育とは何か——構造構成主義研究5』北大路書房、二〇一一年、一八二—二一七頁。
29 「地方教育行政の組織及び運営に関する法律」四条一項。
30 小川正人『教育改革のゆくえ』一五〇—一五一頁参照。
31 前掲書、一六五—一六八頁。
32 新藤宗幸『分権と改革——時代の文脈を読む』世織書房、二〇〇四年、四九—五二頁、一九八—二二五頁。
33 一九四八年、「教育委員会法」が制定され、教育委員は直接公選制のもと選挙によって決められることになっていた。しかし東西冷戦が深刻化する中、国内でも激しい政治対立が生じ、教育委員会法は廃止、代わって一九五六年、「地方教育行政の組織及び運営に関する法律」が制定された。これによって、教育委員は議会の同意を得た上での首長の任命制となった。
34 山口裕也「公教育の『正当性』原理に基づく実践理論の展開——地方自治体教育行政における実践理論の基本型としての〈支援〉」一九二頁。
35 苫野一徳「どのような教育が『よい』教育か——ヘーゲル哲学の教育学メタ方法論への援用」、『RATIO』第5号、講談社、二〇〇八年、二一八―二六四頁。

36 小川正人『教育改革のゆくえ』第三章参照。

37 山口裕也「公教育の『正当性』原理に基づく実践理論の展開――地方自治体教育行政における実践理論の基本型としての〈支援〉」二〇〇―二〇一頁。

38 前掲、二〇一頁。

39 前掲、二〇六頁。

［終章］

1 人文科学における「人間の終焉」を宣言したフーコーは、主体としての人間ではなく、人間を規定するものの探究を主張した（ミシェル・フーコー著、渡辺一民・佐々木明訳『言葉と物――人文科学の考古学』新潮社、一九七四年）。またドイツの社会学者ルーマンも、「社会は人間から成る」とはもういえない、と宣言し、むしろ人間を自己組織化する複雑なシステムと捉える（ニクラス・ルーマン著、村上淳一訳『社会の教育システム』東京大学出版会、二〇〇四年）。

しかし第二章でも論じたように、確かに私たちは何らかの力やシステムに規定されているかも知れないが、それが絶対的に完全に決定されたものであるかどうかは決して分からない。繰り返し詳論することは控えるが、確かめ可能な最後の「底板」は私たちの「欲望」である。これが絶対に規定されているとか自己組織化しているとかいうことは、確かめることができない。私たちに確かめ可能なのは、私たちがこのような「欲望」を持っているという地点までである。

2 見田宗介『社会学入門』岩波新書、二〇〇六年、八頁。

[ヤ]

[ラ]

［タ］

［サ］

索引

［ア］

［カ］

どのような教《きょう》育《いく》が「よい」教《きょう》育《いく》か

二〇一一年　八月一〇日　第一刷発行
二〇一八年　七月二四日　第七刷発行

著者　苫《とま》野《の》一《いっ》徳《とく》

発行者　渡瀬昌彦
発行所　株式会社講談社
東京都文京区音羽二丁目一二―二一　〒一一二―八〇〇一
電話（編集）〇三―三九四五―四九六三
（販売）〇三―五三九五―四四一五
（業務）〇三―五三九五―三六一五

装幀者　奥定泰之
本文データ制作　講談社デジタル製作
本文印刷　信毎書籍印刷株式会社
カバー・表紙印刷　半七写真印刷工業株式会社
製本所　大口製本印刷株式会社

ISBN978-4-06-258509-5　Printed in Japan
N.D.C.371　208p　19cm

講談社選書メチエ　刊行の辞

書物からまったく離れて生きるのはむずかしいことです。百年ばかり昔、アンドレ・ジッドは自分にむかって「すべての書物を捨てるべし」と命じながら、パリからアフリカへ旅立ちました。旅の荷は軽くなかったようです。ひそかに書物をたずさえていたからでした。ジッドのように意地を張らず、書物とともに世界を旅して、いらなくなったら捨てていけばいいのではないでしょうか。

現代は、星の数ほどにも本の書き手が見あたります。読み手と書き手がこれほど近づきあっている時代はありません。きのうの読者が、一夜あければ著者となって、あらたな読者にめぐりあう。その読者のなかから、またあらたな著者が生まれるのです。この循環の過程で読書の質も変わっていきます。人は書き手になることで熟練の読み手になるものです。

選書メチエはこのような時代にふさわしい書物の刊行をめざしています。

フランス語でメチエは、経験によって身につく技術のことをいいます。道具を駆使しておこなう仕事のことでもあります。また、生活と直接に結びついた専門的な技能を指すこともあります。

いま地球の環境はますます複雑な変化を見せ、予測困難な状況が刻々あらわれています。

そのなかで、読者それぞれの「メチエ」を活かす一助として、本選書が役立つことを願っています。

一九九四年二月　　野間佐和子

近代性の構造　今村仁司
身体の零度　三浦雅士
人類最古の哲学　カイエ・ソバージュI　中沢新一
熊から王へ　カイエ・ソバージュII　中沢新一
愛と経済のロゴス　カイエ・ソバージュIII　中沢新一
神の発明　カイエ・ソバージュIV　中沢新一
対称性人類学　カイエ・ソバージュV　中沢新一
近代日本の陽明学　小島　毅
未完のレーニン　白井　聡
経済倫理＝あなたは、なに主義？　橋本　努
ヨーガの思想　山下博司
パロール・ドネ　C・レヴィ＝ストロース　中沢新一訳
ドイツ観念論　村岡晋一
国家とインターネット　和田伸一郎
弁証法とイロニー　菅原　潤
古代ギリシアの精神　田島正樹
精読　アレント『全体主義の起源』　牧野雅彦

連続講義　現代日本の四つの危機　齋藤元紀編
ブルデュー　闘う知識人　加藤晴久
怪物的思考　田口卓臣
熊楠の星の時間　中沢新一
来たるべき内部観測　松野孝一郎
丸山眞男の敗北　伊東祐吏
アメリカ　異形の制度空間　西谷　修
絶滅の地球誌　澤野雅樹
共同体のかたち　菅　香子
アーレント　最後の言葉　小森謙一郎
丸山眞男の憂鬱　橋爪大三郎
三つの革命　佐藤嘉幸・廣瀬　純
なぜ世界は存在しないのか　マルクス・ガブリエル　清水一浩訳
「東洋」哲学の根本問題　斎藤慶典
言葉の魂の哲学　古田徹也